GO!
독학  프랑스어
단어장

박미선 (Emma) 지음 | **Sylvie MAZO** 감수

S 시원스쿨닷컴

GO! 독학 프랑스어 단어장

초판 6쇄 발행 2023년 10월 31일

지은이 박미선(Emma)
펴낸곳 (주)에스제이더블유인터내셔널
펴낸이 양홍걸 이시원

홈페이지 www.siwonschool.com
주소 서울시 영등포구 국회대로74길 12 시원스쿨
교재 구입 문의 02)2014-8151
고객센터 02)6409-0878

ISBN 979-11-6150-263-2
Number 1-521107-16161607-06

GO!
독학 프랑스어
단어장

여러분 안녕하세요!

우리나라에서 프랑스어 교육의 역사가 오래된 만큼, 많은 교재가 출간되어 있습니다. 그중 단어 교재 역시 선택의 고민이 많을 거라 생각합니다. 그동안 현장에서 다양한 학습자들께 프랑스어를 가르쳐 오며, 단어장을 사 놓고 얼마 공부하지 못한 채 방치해 두는 분들도 많이 보았습니다. 실제로 단어들이 흐름 없이 단순 나열에 그치거나, 단어에 비해 예문이 너무 어렵거나, 단어와 예문 사이의 개연성이 부족한 기존의 단어장은 지루함이 느껴졌습니다.

'많은 단어를 끝까지 공부할 수 있는 방법은 없을까?'
'어떻게 해야 빠르게 효율적으로 외울 수 있을까?'

본서의 핵심 컨셉 구성, 어휘 엄선 및 예문 집필 마지막까지 저는 위의 고민을 놓을 수 없었습니다. 제가 처음 프랑스어 ABC 공부하던 시절부터 프랑스에서 학교를 다니고, 그 이후 지금까지 직접 몸으로 효과를 느낀 모든 학습법들을 다듬고 종합하여, 이 책에 녹여 내고자 하였습니다.

우선, 한 과 안에서 모든 단어들이 하나의 스토리를 이루듯 유기적으로 연결되어, 좀 더 친근하고 재미있게 단어를 습득할 수 있도록 구성했습니다. 예문은 프랑스 현지에서 쉽게 접할 수 있으면서 원어민들과 바로 활용할 수 있는가를 최우선 기준으로 삼았습니다. 또한, 예문 속에 담긴 프랑스 문화나 표현에 있어 상세한 부분들은 Tip으로 설명을 달아 이해를 도와드립니다. 마지막 세 과는 접두사, 접미사, 어근을 중점적으로 다루니, 단어를 접했을 때 단순 암기가 아닌 '이해'가 가능한 수준까지 도약해 보세요.

'새로운 언어를 배운다는 것은, 대상을 가리키는 단어를 배우는 것에 그치지 않는다. 그에 대해 생각하는 방식을 배우는 것이다.' 프랑스어를 배우고 가르치며 늘 마음에 새기는 좌우명입니다. 이 단어장으로 공부하실 여러분들께서 프랑스어와 조금 더 친해지고, 프랑스어를 습득하는 눈과 귀와 입을 갖게 되어, 더 많은 것들을 알아가실 수 있길 바랍니다.

여러분의 시작을 응원하며, 마지막 페이지까지 제가 함께하겠습니다.

Bonne chance !

저자 Emma

5

이 책의 구성과 특징

표제어
DELF A1에서 B1까지의 난이도 체계에 따라 엄선된 단어를 총 30일 암기 코스로 정리했습니다. 단어마다 의 난이도는 ★ 개수로 가늠하되, 시험에서는 같은 단어라도 제시된 문장의 수준이나 앞뒤 대화 맥락에 따라 체감상의 차이가 발생함을 참조하세요.

예문
실제 원어민이 자주 사용하는 예문으로 단어 암기력 향상은 물론, 말하기 훈련까지 가능합니다.

원어민 MP3
프랑스 원어민 전문 성우가 녹음한 단어와 예문 MP3 파일을 제공합니다.
(france.siwonschool.com
▶쿠폰번호 입력 후 다운로드)

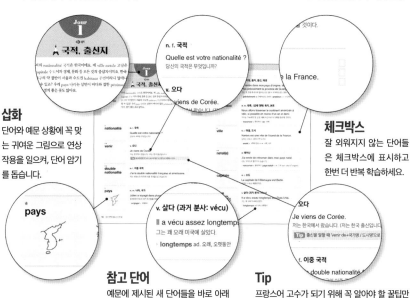

삽화
단어와 예문 상황에 꼭 맞는 귀여운 그림으로 연상 작용을 일으켜, 단어 암기를 돕습니다.

체크박스
잘 외워지지 않는 단어들은 체크박스에 표시하고 한번 더 반복 학습하세요.

참고 단어
예문에 제시된 새 단어들을 바로 아래 제시하여, 잘 모르는 단어도 바로바로 이해할 수 있습니다.

Tip
프랑스어 고수가 되기 위해 꼭 알아야 할 꿀팁만 모았습니다. 문법, 응용 단어, 유의어 비교, 복습 포인트 등 빠짐없이 내 것으로 만드세요.

Bonus! 단어
각 주제별로 좀 더 폭넓게 활용할 수 있도록, 응용 확장 단어까지 담았습니다.

연습문제
외국어 독학에 성공하기 위해서는 실력 점검과 복습이 필수적입니다. 목표한 단어를 다 외웠는지 각 Jour 마다 연습문제로 꼭 확인해 보세요.

프랑스 Talk
프랑스의 이모저모 읽을거리를 통해 좀 더 재미있는 프랑스어로 한 발짝 다가갈 수 있도록 하였습니다.

단어 학습 플랜

Chapitre	Jour	공부한 날		암기 확인			복습 체크
1	1	월	일	★	★★	★★★	✓
	2	월	일	★	★★	★★★	
	3	월	일	★	★★	★★★	
	4	월	일	★	★★	★★★	
	5	월	일	★	★★	★★★	
2	6	월	일	★	★★	★★★	
	7	월	일	★	★★	★★★	
	8	월	일	★	★★	★★★	
3	9	월	일	★	★★	★★★	
	10	월	일	★	★★	★★★	
	11	월	일	★	★★	★★★	
4	12	월	일	★	★★	★★★	
	13	월	일	★	★★	★★★	
	14	월	일	★	★★	★★★	
	15	월	일	★	★★	★★★	
	16	월	일	★	★★	★★★	
	17	월	일	★	★★	★★★	
5	18	월	일	★	★★	★★★	
	19	월	일	★	★★	★★★	
	20	월	일	★	★★	★★★	
	21	월	일	★	★★	★★★	
	22	월	일	★	★★	★★★	
	23	월	일	★	★★	★★★	
6	24	월	일	★	★★	★★★	
	25	월	일	★	★★	★★★	
7	26	월	일	★	★★	★★★	
	27	월	일	★	★★	★★★	
8	28	월	일		★		
	29	월	일		★		
	30	월	일		★		

차례

Pré 준비 알파벳과 발음

Chapitre 1 첫 만남과 자기소개

Chapitre 2 하루하루 일상생활

Chapitre 3 건강이 최고예요

Chapitre 4 잘 먹고 잘 입고 잘 살기

온라인 제공 원어민 MP3 파일 (france.siwonschool.com)
Emma 저자와 원어민 Laurie Dutelle 선생님
음성 강의 (audioclip.naver.com 시원스쿨 채널)

Pré

준비

알파벳과
발음

Pré
준비

🗼 알파벳과 발음

프랑스어의 알파벳은 총 26자로 구성됩니다. 기본 순서와 모양은 영어 알파벳과 동일하되, accent aigu [악성 떼귀], accent grave [악성 그하브], accent circonflexe [악성 씨흐꽁플렉스], tréma [트헤마], cédille [쎄디으] 총 5가지 철자 기호가 존재합니다.

Étape 1 먼저 기본 알파벳의 명칭과 음가를 알아 봅시다.

A	B	C	D	E	F	G
아	베	쎄	데	으	에프	줴
ㅏ	ㅂ	ㄲ, ㅆ	ㄷ	ㅡ, ㅔ	ㅍ	ㄱ, ㅈ

H	I	J	K	L	M	N
아쉬	이	지	꺄	엘	엠	엔
발음 x	ㅣ	ㅈ	ㄲ	ㄹ	ㅁ	ㄴ

O	P	Q	R	S	T	U
오	뻬	뀌	에흐	에스	떼	위
ㅇ	ㅃ	ㄲ	ㅎ	ㅆ, ㅈ	ㄸ	ㅟ

V	W	X	Y	Z
베	두블르베	익스	이그헥	제드
ㅂ	ㅂ	ㅈ, ㅅ	ㅣ	ㅈ

- A, E, I, O, U - 모음
- C, G, S - 두 가지 소리가 나는 자음
- E - 입 모양은 '오', 발음은 '으'
- Y - 반모음 (ii)
- U - 입 모양은 '우', 발음은 '이'

Étape 2 두 가지 소리가 나는 자음 C, G, S를 예시와 함께 발음 연습해 봅시다.

C	ㄲ	a / o / u [꺄 / 꼬 / 뀌]	coca [꼬꺄] 콜라
	ㅆ	e / i / y [쓰 / 씨 / 씨]	cinéma [씨네마] 영화
G	ㄱ	a / o / u [갸 / 고 / 귀]	gare [갸흐] 역, 정거장
	ㅈ	e / i / y [쥬 / 쥐 / 쥐]	gilet [쥘레] 조끼
S	ㅆ	일반적인 경우	Sophie [쏘f피] 소피(인명)
	ㅈ	모음 사이에 위치하는 경우	télévision [뗄레비지용] 텔레비전

Étape 3 두 가지 소리가 나는 모음 E는 어떨까요?

E는 뒤에 자음이 2개 이상 연속될 때, 마지막 음절에 위치했을 때 뒤에 자음이 오면 [ㅔ]로 발음됩니다. 그렇지 않은 경우, [ㅡ]로 발음됩니다. 악센트가 붙은 경우에는 모두 [ㅔ]로 발음됩니다. 아래의 예시와 함께 발음을 연습해 보세요.

gourmet	[구흐메]	미식가, 식도락가
menu	[므뉘]	메뉴, 식단
café	[까f페]	카페, 커피

Étape 4 철자 기호에는 어떤 것들이 있을까요?

accent aigu [악성 떼귀]	é	ㅔ 단어의 첫 글자나 끝 글자에 많이 사용된다. éléphant [엘레f펑] 코끼리, liberté [리벡떼] 자유
accent grave [악성 그하브]	à è ù	ㅏ, ㅔ, ㅟ è의 경우, 단수 형태의 단어가 s 로 끝나는 경우와 '자음+e'로 끝나는 경우 많이 사용된다. succès [쉭쎄] 성공, père [뻬흐] 아버지
accent circonflexe [악성 씨흐꽁플렉스]	â ê î ô û	악센트 붙지 않은 경우와 발음이 동일하며, ê의 경우 ㅔ로 발음한다. château [샤또] 성, 성채, fenêtre [f프네트흐] 창, 창문
tréma [트헤마]	ë ï ü	두 개의 모음을 같이 사용할 때 각각 발음하도록 한다. Noël [노엘] 크리스마스, maïs [마이스] 옥수수
cédille [쎄디으]	ç	ㅆ 소리로 발음한다. français [f프헝쎄] 프랑스의, 프랑스인의, 프랑스 어의, garçon [갹쏭] 소년

복합 모음의 발음을 예시와 함께 연습해 보세요.

ai, ei	ㅔ	maison [메종] 집, Eiffel [에f펠] 에펠탑
au, eau	ㅗ	auto [오또] 자동차, beau [보] 아름다운
ou	ㅜ	boutique [부띠끄] 상점, 가게, où [우] 어디 (의문사)
oi	ㅜㅏ	moi [무아] 나 (강세형 대명사), oiseau [우아조] 새
eu, œu	ㅚ	euro [외호] 유로화, sœur [쐬흐] 여자 형제

복합 자음의 발음을 예시와 함께 연습해 보세요.

ch	슈	chat [샤] 고양이, cheval [슈발] (동물) 말
gn	뉴, 냐, 뇨, 녜	campagne [껑빠뉴] 시골, 농촌, ligne [린뉴] 선, 라인
ph	F 발음	photo [f포또] 사진, pharmacie [f파흐마씨] 약국
th	T 발음	thé [떼] 차(茶), thème [뗌므] 주제, 테마
sc	a / o / u (꺄 / 꼬 / 뀌)	scandale [스껑달] 스캔들, 소동, scolarité [스꼴라히떼] 취학, 재학
	e / i / y (쓰 / 씨 / 씨)	science [씨엉쓰] 학문, 과학, scène [쎈느] (극장의) 무대, (연극의) 장면

Étape 7 비모음의 발음을 예시와 함께 연습해 보세요.

an, am, en, em	ɑ̃ 엉	danse [덩스] 춤, 무용, chambre [셩브흐] 방, 침실 ensemble [엉썽블] 함께, 같이
on, om	õ 옹	pont [뽕] 다리, 교량, nom [농] 이름
in, im, yn, ym, ain, aim, ein, eim (단어 끝에 위치하는 en)	ɛ̃ 앙	vin [v방] 포도주 impossible [앙뽀씨블] 불가능한 pain [빵] 빵, faim [f팡] 굶주림, 허기 peinture [빵뛰흐] 미술 Coréen [꼬헤앙] 한국인, 한국의
un, um	œ̃ 앙	un [앙] 하나의, 첫째의, parfum [빡f팡] 향기, 향수

ay	ai + i 에이	crayon [크헤용] 연필, paysage [뻬이자쥬] 풍경
oy	oi + i 우아이	voyage [부아야쥬] 여행, loyer [루아예] 집세
uy	ui + i 위이	appuyer [아쀠이에] 받치다, essuyer [에쒸이예] 닦다
ill	이으	famille [f파미으] 가족, 가정, fille [f피으] 소녀, 딸
ail	아이으	Versailles [벡싸이으] 베르사유(지명), travail [트하바이으] 일
eil	에이으	soleil [쏠레이으] 태양, 해, Marseille [막쎄이으] 마르세유(지명)
euil	외이으	fauteuil [f포뙤이으] 안락의자, 좌석, feuille [f페이으] 나뭇잎

Chapitre

1

첫 만남과
자기소개

🔊 01

🗼 국적, 출신지

💬
**우리 나라를
소개할게요**

저의 **nationalité** 국적은 한국이에요. 제 **ville natale** 고향은 서울, 대한민국의
capitale 수도이자 경제, 문화 등 모든 것의 중심지이지요. 한국 전체 **population**
인구의 약 절반이 서울과 수도권 **habitant** 주민이라니 얼마나 큰 도시인지 짐작
할 수 있죠? 우리 **pays** 나라는 삼면이 바다와 접한 **péninsule** 반도이고 산도 많
아서, 경치 좋은 곳도 많아요.

★
nationalité

n. f. 국적

Quelle est votre nationalité ?
당신의 국적은 무엇입니까?

★★
venir

v. 오다

Je viens de Corée.
저는 한국에서 왔습니다. (저는 한국 출신입니다.)

Tip 출신을 말할 때 'venir de+국가명 / 도시명'으로 표현할 수 있다.

★★
**double
nationalité**

n. f. 이중 국적

J'ai la double nationalité française et américaine.
저는 프랑스와 미국의 이중 국적을 갖고 있습니다.

★
pays

n. m. 나라, 국가

Julien a voyagé dans plusieurs pays d'Europe.
쥘리앙은 유럽의 여러 국가들을 여행했지.

▶ **voyager** v. 여행하다

---

origine

n. f. 기원, 출처, 출신, 태생

Je rentre dans mon pays d'origine, la Chine.
Plus précisément la province de Guangdong.
저는 제 고향 중국으로 돌아갑니다. 좀 더 구체적으로는 광둥 지방으로요.

> **précisément** ad. 구체적으로, 자세히 / **province** n. f. (수도에 대해) 지방

★★ continent

n. m. 대륙, (섬에 대해) 육지, 본토

Nous allons traverser le continent américain à
vélo, si possible en moins d'un an et demi.
우리는 가능하면 일 년 반 내에 자전거로 미 대륙을 횡단할 것이다.

> **traverser** v. 횡단하다 / **en** ~만에

★ ville

n. f. 마을, 도시

Nantes est une ville de l'ouest de la France.
낭트는 프랑스 서부의 한 도시다.

> **ouest** a. 서쪽에 있는 n. m. 서쪽, 서부

★★ natal(e)

a. 태어난

J'ai envie de retourner dans mon pays natal.
나는 고국으로 돌아가고 싶습니다.

> **retourner** v. 돌아가다 / **pays natal** n. m. 고국 (syn. pays d'origine)

★ capitale

n. f. 수도

La capitale de l'Allemagne est Berlin.
독일의 수도는 베를린이다.

★ vivre

v. 살다 (과거 분사: vécu)

Il a vécu assez longtemps aux États-Unis.
그는 꽤 오래 미국에 살았다.

> **longtemps** ad. 오래, 오랫동안

★
étranger(ère)

a. 외국(인)의 n. 외국인 n. m. 외국

Les étudiants étrangers ont également droit aux aides sociales, comme les allocations familiales.
외국인 학생들도 동일하게 가족 수당과 같은 사회 보장 지원에 대한 권리를 갖는다.

Elle a toujours voulu partir à l'étranger pour faire ses études.
그녀는 학업을 위해 외국에서 공부하기를 줄곧 원했다.

› **aide sociale** n. f. 사회 보장 지원 / **allocation familiale** n. f. 가족 수당 / **à l'étranger** 외국에

★★
carte d'identité
syn. pièce d'identité

n. f. 신분증

N'oubliez pas d'apporter votre carte d'identité.
신분증을 챙겨 오시는 것 잊지 마세요.

› **oublier de+동사 원형** v. ~하는 것을 잊다 / **identité** n. f. 신원, 신분, 정체성

★★★
territoire

n. m. 영토, 국토

L'île de Dokdo appartient au territoire coréen.
독도는 한국의 영토이다.

› **appartenir** v. ~에 속하다, ~의 것이다

> **Tip** 프랑스어로 '국토 교통부'를 Ministère du Territoire, des infrastructures et des Transports라고 하며, 남성 명사이다.

★★
dense

a. (사람이) 조밀한, 밀집한

Séoul est la ville la plus dense des pays de l'OCDE.
서울은 OECD 국가들 중 가장 사람이 밀집한 도시이다.

★★ population

n. f. 인구, 주민, 국민

L'île-de-France a la plus forte densité de
population en France en 2018.
2018년, 일 드 프랑스 지역이 가장 높은 인구 밀도를 가지고 있다.

▸ **densité** n. f. 밀도, 농도

Tip île-de-France는 파리를 포함하고 있는 프랑스의 행정 구역 이름이다.

★★ habitant(e)

n. 주민, 거주자, 그 지역의 주민

Combien d'habitants y a-t-il dans votre commune ?
당신의 지역에는 몇 명의 주민들이 있나요?

▸ **commune** n. f. 시, 읍, 면 (프랑스의 최소 행정 단위)

★ langue

n. f. 혀, 언어, 말

L'anglais n'est pas ma langue maternelle.
영어는 나의 모국어가 아니다.

▸ **maternel(le)** a. 어머니의, 어머니같은

★ culture

n. f. 문화

Je m'intéresse beaucoup à la culture française.
저는 프랑스 문화에 관심이 많습니다.

▸ **beaucoup** ad. 많이, 매우

★ séjour

n. m. 체류, 체류 기간, 체류지

Mon séjour à Lyon a été court, mais très
enrichissant.
리옹에서의 나의 체류는 짧았지만, 매우 만족스러웠다.

▸ **enrichissant(e)** a. 풍요롭게 하는

Tip 외국인이 프랑스 장기 체류 시 체류증을 발급받아야 한다. 체류증을 나타내는 표현은
'carte de séjour n. f. 체류증 (체류 증명 카드)' 또는 'titre de séjour n. m. 체류 자
격, 체류증'이다.

★★ péninsule

n. f. 반도

La péninsule coréenne a été divisée en deux États en 1945.

한반도는 1945년에 두 개의 국가로 나뉘었다.

▸ **État** n. m. 국가, 정부

★ peuple

n.m. 민족, 국민, 민중

Le peuple français n'a plus confiance en son président.

프랑스 국민들은 더 이상 그들의 대통령을 신뢰하지 않는다.

▸ **ne ~ plus** 더 이상 ~하지 않다 / **avoir confiance en** ~에게 믿음(신뢰)을 가지다

★ citoyen(ne)

n. 시민, 시민권 소지자, 국민

Tous les citoyens sont égaux devant la loi.

모든 시민들은 법 앞에 평등하다.

▸ **égal(e)** a. 동등한, 평등한 / **loi** n. f. 법

★ civique

a. 시민의

Voter est un devoir civique.

투표하는 것은 시민의 의무이다.

▸ **devoir** n. m. 의무

★ région

n. f. 지방, 지역, 지대

La Bretagne est une région située à l'extrême ouest de la France.

브르타뉴는 프랑스의 극서쪽에 위치한 지역이다.

▸ **situé(e)** a. 위치한 / **extrême** a. 맨 끝의, 극도의 n. m. 극단 / **ouest** n. m. 서쪽, 서부 지방

émigrer ★★

v. 이민 가다

De nombreux Mexicains ont émigré aux États-Unis pour fuir la guerre.

수많은 멕시코인들이 전쟁을 피하기 위해 미국으로 이민을 갔다.

▸ **nombreux(se)** a. 수많은 / **fuir** v. 달아나다, 도망하다, 피하다

immigrer ★★

v. 이민 오다

Sa famille a immigré aux Philippines et s'est installée à Manille en 1960.

그의 가족은 1960년에 필리핀으로 이민 와서 마닐라에 정착했다.

▸ **s'installer** v. 자리 잡다, 정착하다, 거주하다

frontière ★★

n. f. 경계, 국경 a. 국경의

Les habitants de Strasbourg peuvent passer librement la frontière franco-allemande pour aller à la ville allemande voisine.

스트라스부르 사람들은 이웃한 독일 마을에 가기 위해 프랑스-독일의 국경을 자유롭게 지나갈 수 있다.

▸ **voisin(e) a.** 이웃의, 인접한 n. 이웃 (사람)

nationaliste ★★★

a. 국가(국수)주의의, 국민주의의
n. 민족주의자, 국가주의자, 국수주의자

Ce sont des hommes politiques appartenant au Parti Nationaliste Français(PNF).

이 사람들은 프랑스 국민주의 정당에 소속한 정치인들이다.

▸ **politique** a. 정치의, 정치적인 n. m. 정치인 n. f. 정치 / **parti** n. m. 정당

Jour 1

★
passeport

n. m. 여권

Votre passeport, s'il vous plaît.
여권 주세요.

★★★
apatride

a. 무국적의 n. 무국적자

On estime qu'il y a au moins 10 millions d'apatrides dans le monde.
전 세계에 적어도 천만 명의 무국적자가 있다고 추정된다.

▸ **estimer** v. 평가하다, 추산하다, 추정하다 / **au moins** 적어도

★★★
patrie

n. f. 조국, 고국, 고향

Ces soldats se sont battus pour la patrie.
이 군인들은 조국을 위해 싸웠다.

▸ **se battre** v. 싸우다

Bonus! 단어

🎯 continent   n. m. 대륙

Asie	n. f. 아시아
Afrique	n. f. 아프리카
Amérique du Nord	n. f. 북아메리카
Amérique du Sud	n. f. 남아메리카
Antarctique	n. f. 남극 대륙
Europe	n. f. 유럽
Océanie	n. f. 오세아니아

🎯 pays d'Asie   n. m. 아시아 국가

Corée du Sud	n. f. 대한민국	Chine	n. f. 중국
Corée du Nord	n. f. 북한	Japon	n. m. 일본
Vietnam	n. m. 베트남	Cambodge	n. m. 캄보디아
Indonésie	n. f. 인도네시아	Philippines	n. f. pl. 필리핀
Singapour	n. f. 싱가포르	Laos	n. m. 라오스
Malaisie	n. f. 말레이시아	Thaïlande	n. f. 태국
Inde	n. f. 인도	Bangladesh	n. m. 방글라데시
Ouzbékistan	n. m. 우즈베키스탄	Arabie saoudite	n. f. 사우디아라비아
Syrie	n. f. 시리아	Émirats arabes unis	n. m. pl. 아랍 에미리트
Irak	n. m. 이라크	Israël	n. m. 이스라엘
Turquie	n. f. 터키	Palestine	n. f. 팔레스타인

🎯 pays d'Afrique　n. m. 아프리카 국가

Maroc	n. m. 모로코	Algérie	n. f. 알제리
Sénégal	n. m. 세네갈	Tunisie	n. f. 튀니지
Libye	n. f. 리비아	Kenya	n. m. 케냐
République du Congo	n. f. 콩고 공화국	Rwanda	n. m. 르완다
Égypte	n. f. 이집트	Cameroun	n. m. 카메룬
Somalie	n. f. 소말리아	Côte d'Ivoire	n. f. 코트디부아르
République d'Afrique du Sud	n. f. 남아프리카 공화국	Madagascar	n. f. 마다가스카르

- 'Singapour 싱가포르'와 'Monaco 모나코'는 도시 국가로, 대부분의 '도시명'과 동일하게 관사 없이 쓴다. 그 밖에 몇몇 섬 국가들도 관사 없이 사용하는 경우가 있다.
  📝 **Je suis à Singapour.** 나는 싱가포르에 있다.

- République du Congo의 경우 '공화국' 없이 Congo로만 표기할 경우 남성이다.

🎯 pays d'Amérique　n. m. 아메리카 국가

États-Unis	n. m. pl. 미국	Canada	n. m. 캐나다
Mexique	n. m. 멕시코	Cuba	n. m. 쿠바
Brésil	n. m. 브라질	Argentine	n. f. 아르헨티나
Chili	n. m. 칠레	Colombie	n. f. 콜롬비아

🎯 pays d'Océanie　n. m. 오세아니아 국가

Australie	n. f. 호주(오스트레일리아)
Papouasie-Nouvelle-Guinée	n. f. 파푸아뉴기니
Nouvelle-Zélande	n. f. 뉴질랜드
Fidji	n. f. pl. 피지

🎯 Europe : pays et nationalité
n. f. 유럽: 국가명과 국적명 (유럽 총 28개국 전체)

France	n. f. 프랑스	Français(e)	n. 프랑스 사람
Espagne	n. f. 스페인	Espagnol(e)	n. 스페인 사람
Italie	n. f. 이탈리아	Italien(ne)	n. 이탈리아 사람
Angleterre*	n. f. 영국	Anglais(e)	n. 영국 사람
Danemark	n. m. 덴마크	Danois(e)	n. 덴마크 사람
Autriche	n. f. 오스트리아	Autrichien(ne)	n. 오스트리아 사람
Roumanie	n. f. 루마니아	Roumain(e)	n. 루마니아 사람
République tchèque	n. f. 체코	Tchèque	n. 체코 사람
Hongrie	n. f. 헝가리	Hongrois(e)	n. 헝가리 사람
Pays-bas	n. m. pl. 네덜란드**	Néerlandais(e) Hollandais(e)	n. 네덜란드 사람, 네덜란드 홀란드 주의 사람
Grèce	n. f. 그리스	Grec(que)	n. 그리스 사람
Portugal	n. m. 포르투갈	Portugais(e)	n. 포르투갈 사람
Lituanie	n. f. 리투아니아	Lituanien(ne)	n. 리투아니아 사람
Lettonie	n. f. 라트비아	Letton(e)	n. 라트비아 사람
Belgique	n. f. 벨기에	Belge	n. 벨기에 사람
Allemagne	n. f. 독일	Allemand(e)	n. 독일 사람
Suisse	n. f. 스위스	Suisse	n. 스위스 사람
Irlande	n. f. 아일랜드	Irlandais(e)	n. 아일랜드 사람
Finlande	n. f. 핀란드	Finlandais(e)	n. 핀란드 사람
Suède	n. f. 스웨덴	Suédois(e)	n. 스웨덴 사람
Pologne	n. f. 폴란드	Polonais(e)	n. 폴란드 사람
Luxembourg	n. m. 룩셈부르크	Luxembourgeois(e)	n. 룩셈부르크 사람
Croatie	n. f. 크로아티아	Croate	n. 크로아티아 사람

Malte	n. f. 몰타	Maltais(e)	n. 몰타 사람
Chypre	n. f. 키프로스	Chypriote	n. 키프로스 사람
Slovaquie	n. f. 슬로바키아	Slovaque	n. 슬로바키아 사람
Slovénie	n. f. 슬로베니아	Slovène	n. 슬로베니아 사람
Bulgarie	n. f. 불가리아	Bulgare	n. 불가리아 사람

* **영국을 부르는 방법**
Angleterre f. 영국 (잉글랜드)
Grande Bretagne f. 그레이트 브리튼 (잉글랜드+스코틀랜드+웨일스)
Royaume-Uni m. 그레이튼 브리튼 연합 왕국 (그레이트 브리튼+북아일랜드까지 포함)

** Royaume des Pays-Bas m. 네덜란드 공화국 (공식 명칭)
Hollande f. 홀란드 주 (네덜란드 12개의 주 중에서 2곳(Hollande-Méridionale 과
Hollande-Septentrionale)을 가리켜 부르는 이름

연습문제

1 프랑스어 단어를 보고 적합한 의미를 찾아 선으로 연결해 보세요.

habitant(e) •　　　　　　　　　 • 수도

séjour •　　　　　　　　　 • 나라, 국가

pays •　　　　　　　　　 • 체류 기간, 체류지

capitale •　　　　　　　　　 • 주민, 거주자

2 주어진 문장을 보고 빈칸에 알맞은 프랑스어 단어를 보기에서 골라 적어 보세요.

| 보기 | civique　　dense　　carte d'identité　　ville |

1 N'oubliez pas d'apporter votre _____.
신분증을 챙겨 오시는 것 잊지 마세요.

2 Séoul est la ville la plus _____ des pays de l'OCDE.
서울은 OECD 국가들 중 가장 사람이 밀집한 도시이다.

3 Nantes est une _____ de l'ouest de la France.
낭트는 프랑스 서부의 한 도시이다.

4 Voter est un devoir _____.
투표하는 것은 시민의 의무이다.

3 주어진 우리말 단어를 보고 프랑스어로 적어 보세요.

1 시민, 시민권 소지자, 국민 　　　　　　　　　　_____

2 이민 가다 　　　　　　　　　　_____

3 언어, 말 　　　　　　　　　　_____

4 무국적의, 무국적자 　　　　　　　　　　_____

정답

1 habitant(e) - 주민, 거주자, séjour - 체류 기간, 체류지, pays - 나라, 국가, capitale - 수도

2 ① carte d'identité ② dense ③ ville ④ civique

3 ① citoyen(ne) ② émigrer ③ langue ④ apatride

◁» 02
🗼 감정, 성격

💬
**첫눈에 반해
버렸어요**

요즘 **sentiment** 감정이 널뛰기를 해요. 아무래도 **amoureux** 사랑에 빠진 것 같
아요. 가만히 있다가도 **sourire** 미소를 짓게 되고, 그 애 생각만 해도 **se sentir
bien** 기분이 좋아요. 제가 좋아하는 사람은 무척 사교적인 성격이라, 늘 많은 사
람들에게 둘러싸여 있어요. 반면에 전 조금 소심한 편이라, 쉽게 다가가지 못하고
있죠. 가끔은 제 이런 성격 때문에 **mauvaise humeur** 안 좋은 기분이 들기도 해
요. 하지만 그럴수록 **confiance** 자신감을 가지고 **courage** 용기를 내야겠죠?

★
aimer
ant. détester v. 싫어하다

v. 좋아하다, 사랑하다

J'aime bien Julien.
나는 쥘리앙을 좋아해.

> **Tip** aimer 동사는 사람 목적어와 사용할 경우, 단독으로 쓰면 '사랑하다'의 의미에 가까
> 우나 bien과 함께 사용하면 '좋아하다'의 뉘앙스를 줄 수 있다.

★★
se sentir

v. (느낌, 기분이) ~하다

Je me sens mieux.
나 기분이 나아졌어.

▸ **mieux** a. (건강, 기분 따위가) 더 좋은, 더 나은 ad. 더 잘, 더 많이

> **Tip** 기분이나 상태를 나타내는 형용사와 함께 사용하며 형용사는 주어에 성, 수를 일치
> 시킨다.
> ⑩ Je me sens heureuse. 나는 행복하다 (행복한 기분이다).

★
amoureux(se)

a. 사랑하는 n. 사랑하는 사람

Je suis tombée amoureuse dès que je l'ai vu.
나는 그를 보자마자 사랑에 빠졌다.

▸ **tomber amoureux(se)** 사랑에 빠지다 / **dès** ~부터 (바로, 곧), ~하자마자

★ sourire

v. 미소짓다, 방긋 웃다 n. m. 미소

Tu es belle quand tu souris.
너는 웃을 때 예뻐.

★ sentiment

n. m. 감정, 기분, 감성, 애정, 사랑

J'ai un sentiment de culpabilité.
나는 죄책감이 든다.

▸ **culpabilité** n. f. 죄책감

Il a des sentiments pour toi.
그는 너를 좋아한다. (그는 너에 대한 감정들을 갖고 있다.)

★ émotion

n. f. (희노애락의) 감정, 감동, 감격, 흥분

Je n'arrive pas à gérer mes émotions, alors je pleure facilement.
나는 내 감정을 조절할 수가 없어서 쉽게 운다.

▸ **gérer** v. 관리하다 / **pleurer** v. 울다 / **facilement** ad. 쉽게

Tip émotion은 외부의 자극에 대한 즉각적인 반응과 같이 짧은 감정에 가깝고, sentiment은 그보다 더 긴 시간 동안 느끼는 감정이나 기분에 가깝다.

★★ humeur

n. f. (상황에 따른) 기분

Il parle méchamment quand il est de mauvaise humeur.
그는 기분이 안 좋을 때 심술궂게 말한다.

▸ **méchamment** ad. 심술궂게, 악의적으로

★ joyeux(se)

a. 즐거운, 기쁜, 유쾌한

Joyeux Noël !
메리 크리스마스!

★★
plaire

v. 마음에 들다, 기쁘게 하다

Il te plaît ?

너 그가 마음에 드니? (그가 너의 마음에 드니?)

▶ **plaire à** ~을(를) 기쁘게 하다, ~의 마음에 들다

> **Tip** 마음에 드는 대상이 주어 자리에 온다.

★★
se détendre

v. (긴장 상태가) 완화되다, 몸을 편안하게 하다

Je prends un bon bain chaud pour me détendre.

나는 긴장을 풀기 위해 따뜻한 물에 목욕을 해.

▶ **bain** n. m. 목욕

★
confiance

n. f. 신뢰, 신용, 자신감

Elle a confiance en elle et exprime ses opinions sans crainte.

그녀는 자신감을 갖고 두려움 없이 자신의 의견을 표현한다.

▶ **avoir confiance en** ~을(를) 믿다, 신뢰하다 / **exprimer** v. (말, 행동, 표정 따위로) 표현하다 / **crainte** n. f. 두려움, 공포(감), 근심

★
fier(ère)

a. 자랑스럽게 생각하는, 만족하는

Mes parents sont toujours fiers de moi.

나의 부모님은 언제나 나를 자랑스럽게 생각한다.

▶ **être fier(ère) de** ~을(를) 자랑스럽게 여기다

★★
chagrin

n. m. (마음의) 괴로움, 고통 / (특정한 일로 비롯된) 슬픔, 비애

Je suis sûre que tu arriveras petit à petit à surmonter ce chagrin.

나는 네가 조금씩 슬픔을 극복해 낼 거라고 확신해.

▶ **sûr(e)** a. 확신하는 / **petit à petit** 조금씩 / **surmonter** v. 극복하다

★
désolé(e)

a. 미안한, 침통한, 애석한

Je suis désolé d'être en retard.
늦어서 미안합니다.

▸ **retard** n. m. 지각 / **être en retard** 늦다

Je suis désolé pour votre perte.
삼가 고인의 명복을 빕니다. (사별에 대해 유감으로 생각합니다.)

▸ **perte** n. f. (헤어짐, 죽음으로 사람을) 잃음, 여읨, 사별

★★★
peine

n.f. (마음의) 고통, 아픔, 비애

J'ai de la peine à te dire la vérité.
너에게 진실을 말하자니 괴롭구나.

▸ **vérité** n. f. 진실

★★★
deuil

n. m. (초상으로 인한) 슬픔, 애도

Je ne savais pas quoi dire à mon ami qui était
en deuil après la mort de son père.
아버지의 죽음 후에 슬픔에 잠겨 있는 내 친구에게 나는 뭐라고 말해야 할
지 몰랐다.

★★
dépression

n. f. (육체적, 정신적) 쇠약, 우울증

Ma femme a souffert de dépression après
l'accouchement.
나의 부인은 출산 후 우울증을 앓았다.

▸ **souffrir de**+무관사 명사 ~을(를) 앓다 / **accouchement** n. m. 출산

★★
déprimé(e)

a. 의기소침한, 우울증에 걸린

Je suis déprimé à cause de mon ami.
내 친구 때문에 나는 의기소침한 상태다.

▸ **à cause de** ~때문에

★★★
moral

n. m. 의기, 사기

Je n'ai pas le moral.
나는 사기가 떨어졌어. (나는 아무것도 하고 싶지 않아.)

★
courage

n. m. 용기

Aie du courage !
용기를 내!

Tip aie는 avoir 동사의 2인칭 단수 명령문 형태이다.

★
peur

n. f. 두려움, 근심, 우려

J'ai peur de voyager tout seul.
나는 혼자 여행하는 게 무서워.

▸ **seul(e)** a. 혼자서, 혼자 힘으로

Tu peux lui faire peur.
너는 그를 겁먹게 할 수 있어.

▸ **avoir peur de+명사/동사** ~을(를) 무서워하다, ~하는 것을 무서워하다 / **faire peur à** ~을(를) 겁주다

★★
craindre

v. 무서워하다

Je crains de ne pas pouvoir finir à l'heure.
제시간에 끝내지 못할까 봐 두려워.

▸ **à l'heure** 정각에, 정시에

★
originalité

syn. singularité

n. f. 독창성, 참신함, 개성

L'originalité est un des éléments les plus importants pour une œuvre d'art.
독창성은 예술 작품에서 가장 중요한 요소 중 하나다.

▸ **œuvre d'art** n. f. 예술 작품

★
colère

n. f. 화, 분노

Elle est en colère ?
그녀가 화났니?

▸ **être en colère** 화가 나 있다

★
se fâcher

v. 화내다

C'est normal de se fâcher contre les gens malhonnêtes.
정직하지 않은 사람들에게 화내는 것은 정상적인 거야.

▸ **normal(e)** a. 정상적인 / **se fâcher contre** ~에게 화내다, 분개하다 / **malhonnête** a. 정직하지 않은, 불성실한

★★
bouder

v. 뿌루퉁하다, 토라지다

Tu boudes ?
너 삐쳤어?

★★★
angoisse

n. f. 불안, 번민, 불안증

Je fais du jogging pour gérer l'angoisse et chasser les idées noires.
나는 어두운 생각들을 쫓아내고, 불안을 컨트롤하기 위해서 조깅을 한다.

▸ **chasser** v. 사냥하다, 쫓아내다

★★
aise

ant. malaise
n. m. 불편함, 거북함

n. f. 편함, 안락, 자유

Mets-toi à l'aise.
편안하게 있어.

J'ai senti un malaise.
나는 불편함을 느꼈다.

▸ **malaise** n. m. 불편함, 거북함 / **se mettre** (어떤 상태가) 되다

★
plaisir

n. m. 기쁨, 즐거움

Quel plaisir de vous revoir !

당신을 다시 보게 되어 얼마나 기쁜지요!

▸ **revoir** v. 다시 보다

★
enchanté(e)

a. 매우 기쁜(만족한)

Enchanté de vous rencontrer !

당신을 뵙게 되어 반갑습니다!

★
regretter

v. 애석해하다, 아쉬워하다, 후회하다

Je regrette de l'avoir quitté.

나는 그를 떠난 걸 후회한다.

▸ **quitter** v. 떠나다, (사람과) 헤어지다

★★
s'inquiéter

v. 걱정하다

Ne vous inquiétez pas, je suis là.

걱정하지 마세요, 제가 여기 있잖아요.

★★
caractère

n. m. 성격, 기질, 특징

Tout le monde l'aime bien parce qu'il a bon caractère.

그는 좋은 성격을 가졌기 때문에 모든 사람들이 그를 좋아한다.

caractéristique
★★★

a. 특징을 나타내는, 독특한 n. f. 특성, 특징

Il faut connaître les caractéristiques techniques de ton ordinateur.
네 컴퓨터의 기술적 특징을 알아야 한다.

personnalité
★

n. f. 인격, 개성

Il est possible de changer de personnalité avec un peu de volonté.
약간의 의지만 있다면 인격을 고칠 수 있다.

▸ **volonté** n. f. 의지, 의지력, 의욕

> **Tip** 'personnalité 인격'은 'caractère 성격'과 기질, 그리고 사회적 행동 양식까지 포함하는 개념이다.

qualité
★★

n. f. (물건의) 질, 품질, (사람의) 자질, 장점

Quels sont vos qualités et vos défauts ?
당신의 장점과 단점은 무엇인가요?

▸ **défaut** n. m. 결함, 결점, 단점

honte
★

n. f. 치욕, 창피함, 수치심

À ce moment-là, j'avais vraiment honte de moi.
그 순간 나는 내 자신이 정말 부끄러웠다.

indignation
★★★

n. f. (불의에 대한) 분개, 격분

Ils m'ont humilié en public et je ne peux pas expliquer ce sentiment d'indignation.
그들이 나를 공개적으로 모욕했고, 나는 그 분노의 감정을 설명할 수가 없다.

▸ **humilier** v. 모욕하다, (~에게) 창피를 주다 / **en public** 사람들 앞에서, 공공연히

★★
malentendu

n. m. 오해

Je vous prie d'accepter mes excuses pour ce malentendu.
오해에 대한 제 사과를 받아 주셨으면 합니다.

▸ **prier** v. (~에게) 간청하다, 부탁하다

★★
générosité

n. f. 관대함, 너그러움, 아량

Les Français ont donné avec générosité pour la rénovation de Notre-Dame de Paris.
프랑스인들은 파리의 노트르담 보수 공사를 위해 관대하게 기부했다.

▸ **donner** v. 주다, 기부하다 / **rénovation** n. f. 개수, 개축, 보수 공사

★★
enthousiasme

n. m. 열정, 열광, 열의

Ils ont applaudi avec enthousiasme.
그들은 열렬히 박수 쳤다.

▸ **applaudir** v. 박수를 치다 / **avec enthousiasme** 열렬히, 기꺼이

Bonus! 단어

🎯 joie et tristesse n. f. 기쁨과 슬픔

heureux(se)	a. 행복한	excité(e)	a. 흥분한
content(e)	a. 만족스러운	distrait(e)	a. 주의가 산만한
triste	a. 슬픈	irrité(e)	a. 짜증난, 성이 난
ravi(e)	a. 홀린, 매료된		

🎯 caractère n. m. 성격

aimable	a. 사랑스러운, 상냥한	timide	a. 소심한
sympathique (syn. sympa)	a. 호감이 가는	capricieux(se)	a. 변덕스러운
sensible	a. 감수성이 예민한	bavard(e)	a. 수다스러운

🎯 qualité n. f. 장점

gentil(le)*	a. 친절한	cultivé(e)	a. 교양 있는
honnête	a. 정직한	modeste	a. 겸손한
généreux(se)	a. 관용적인	calme	a. 고요한, 침착한
sociable	a. 사교적인	intelligent(e)	a. 똑똑한
travailleur(se)	a. 부지런한, 근면한	sérieux(se)	a. 진지한
sage	a. 현명한	patient(e)	a. 참을성 있는

 Tip
* gentil의 발음은 [ʒɑ̃ti], gentille의 발음은 [ʒɑ̃tij]임을 알아 두자.

🎯 défaut　　n. m. 단점

impatient(e)	a. 참을성 없는	méchant(e)	a. 못된
malhonnête	a. 정직하지 않은	agressif(ve)	a. 공격적인
négatif(ve)	a. 부정적인	arrogant(e)	a. 거만한
avare	a. 인색한	impoli(e)	a. 무례한

연습문제

1 프랑스어 단어를 보고 적합한 의미를 찾아 선으로 연결해 보세요.

courage •   • 불안

angoisse •   • 성격

caractère •   • 용기

humeur •   • 기분

2 주어진 문장을 보고 빈칸에 알맞은 프랑스어 단어를 보기에서 골라 적어 보세요.

보기   désolé   générosité   Joyeux   plaisir

1 Quel _____ de vous revoir !
당신을 다시 보게 되어 얼마나 기쁜지요!

2 _____ Noël !
메리 크리스마스!

3 Je suis _____ d'être en retard.
늦어서 미안합니다.

4 Les Français ont donné avec _____ pour
la rénovation de Notre-Dame de Paris.
프랑스인들은 파리의 노트르담 보수 공사를 위해 관대하게 기부했다.

3 주어진 우리말 단어를 보고 프랑스어로 적어 보세요.

1 화   _____

2 걱정하다   _____

3 (사람의) 자질, 장점   _____

4 오해   _____

정답
1 courage - 용기, angoisse - 불안, caractère - 성격, humeur - 기분
2 ① plaisir ② Joyeux ③ désolé ④ générosité
3 ① colère ② s'inquiéter ③ qualité ④ malentendu

🗼 학교생활

💬 **기다리던
개학날**

손꼽아 기다렸던 **rentrée** 개학날! 새로운 **salle de classe** 교실과 새로운 **manuel** 교재, 새로운 **professeur** 선생님까지, 설레는 마음으로 가득했어요. 그런데 이게 웬 날벼락? 첫날부터 **examen** 시험에 **devoirs** 숙제에... 아슬아슬한 **note** 점수를 걱정하던 시절이 떠오르고, 이번 **semestre** 학기도 만만치 않겠구나! 불안감이 엄습해 옵니다. 하지만, 저는 꿈이 있으니 열심히 공부해서 제때 졸업하고 말 거예요.

★
éducation

n. f. 교육

Je pense que l'éducation peut changer le monde.
나는 교육이 세상을 바꿀 수 있다고 생각해.

▸ **penser** v. 생각하다

★
élève

n. 학생, (학문상의) 제자

Récemment, le nombre d'élèves par classe a été réduit de moitié.
최근에, 학급당 학생들의 수가 절반으로 줄었다.

▸ **récemment** ad. 최근에 / **classe** n. f. 학급 / **moitié** n. f. 절반

★
école

n. f. 학교

Je ne veux pas aller à l'école.
나 학교 가기 싫어.

★
cours
syn. leçon

n. m. 강의, 강좌, 수업

Je prends un cours d'espagnol.
나는 스페인어 수업을 듣는다.

---

salle de classe

n. f. 교실

Comme j'étais très malade, je restais tout seul dans la salle de classe pendant le cours d'EPS.

나는 매우 아팠기 때문에, 체육 수업 시간 동안 나는 교실에 혼자 남아 있었다.

▸ **rester** v. (같은 장소에) 있다 / **EPS** n. f. 'éducation physique et sportive 체육 (수업)'의 약자

manuel

n. m. 교과서, 개론서, 입문서

Comme il laisse ses manuels scolaires dans son casier à l'école, il n'y a pas grand-chose dans son cartable.

그는 교과서들을 학교 사물함에 두기 때문에, 책가방 안에는 별다른 것들이 없다.

▸ **scolaire** a. 학교의, 교육의 / **casier** n. m. 여러 칸이 있는 가구, 칸막이 선반 / **cartable** n. m. 책가방

maître(sse)

n. 교사, 선생, 스승

La maîtresse de mon fils avait du mal à contrôler les enfants qui ne l'écoutent pas.

내 아들의 (초등학교) 선생님은 말을 듣지 않는 아이들을 통제하는 데 어려움을 느끼고 있었다.

▸ **avoir du mal à** ~하는 데 어려움을 느끼다 / **contrôler** v. 통제(관리) 하다, 감독하다

apprendre

v. 배우다, 습득하다, 가르치다

J'apprends mes leçons par cœur.

나는 수업 내용을 암기한다.

Il m'a appris comment faire.

그가 나에게 어떻게 하는지 알려 주었다.

▸ **par cœur** 외워서, 암기하여 / **apprendre qc à qn** ~에게 ~을(를) 가르치다

étudier

v. 공부하다

J'ai beaucoup étudié afin d'entrer à la faculté de médecine.

나는 의과 대학에 들어가기 위해 열심히 공부했다.

▸ **afin de** ~하기 위해 / **faculté de médecine** n. f. 의과 대학

réviser

v. 복습하다

J'attends toujours le dernier moment pour réviser.

나는 항상 마지막 순간까지 복습하는 것을 미룬다.

▸ **attendre le dernier moment** 마지막 순간까지 미루다

devoir

n. m. 의무, 과제, (흔히 복수) 숙제

Tu vas faire tes devoirs ?

너는 숙제를 할 거니?

passer

v. (시험을) 치다, (시험에서) 합격하다

Les lycéens passent le baccalauréat à la fin du lycée.

고등학생들은 고등학교 과정의 마지막에 대학 입학 자격 시험을 본다.

▸ **baccalauréat** n. m. 대학 입학 자격 (시험)

> **Tip** passer는 '(시험에서) 합격하다'의 의미도 있지만 타동사로 쓰일 땐 주로 '(시험을) 보다'라는 의미로 사용한다. '(시험에서) 합격하다'는 주로 'réussir 동사+시험명'으로 말한다.

examen

n. m. 시험

Hier, j'ai passé mon examen de philosophie.

어제, 나는 철학 시험을 보았다.

dictée ★★

n. f. (학생의) 받아쓰기

La dictée est le meilleur moyen pour progresser en orthographe.

받아쓰기는 철자 지식을 향상시키기 위한 가장 좋은 방법이다.

> **progresser** v. (기량, 지식 따위가) 향상하다 / **orthographe** n. f. 철자법, 철자, 스펠링

enseignement ★★

n. m. 가르치기, 교육

De nombreux parents de cette région préfèrent l'enseignement privé au public.

그 지역의 수많은 학부모들이 공교육보다 사교육을 선호한다.

> **préférer A à B** B보다 A를 선호하다 / **enseignement privé** n. m. 사교육 / **enseignement public** n. m. 공교육

enseignant(e) ★

a. 가르치는, 교직자의 n. 교직자, 선생

Parfois deux enseignants interviennent ensemble dans une classe à l'école primaire.

가끔 초등학교에서는 두 명의 선생님이 한 학급에 함께 들어간다.

> **parfois** 이따금, 가끔 / **intervenir** v. 개입하다, 참가하다

admission ★★

n. f. (참가, 출입, 입학) 허가, 승인

Je me prépare à l'examen d'admission au secondaire.

나는 중학교 입학 시험을 준비한다.

> **se préparer** v. 준비하다 / **secondaire** n. m. 중등 교육 (중·고등학교)

note ★

n. f. 평가, 점수, 성적

J'ai toujours obtenu la meilleure note en math.

나는 항상 수학에서 최고 점수를 받았다.

> **Tip** math는 'mathématiques n. f. pl. 수학'의 줄임말로 [mat]라고 발음한다. 또한 math 끝에 s를 첨가한 'maths' 형태로도 혼용되어 많이 쓰인다. 이 경우에도 발음은 같다.

★
rentrée

n. f. (활동의) 재개, 새 학년의 시작, 복귀

La réunion de rentrée aura lieu le lundi 3
septembre dans l'amphithéâtre.
개학(새 학년) 소집은 9월 3일 월요일 강당에서 있을 예정이다.

▸ **réunion** n. f. 결합, 회의, 소집 / **avoir lieu** 일어나다, 개최되다 /
amphithéâtre n. m. (대학, 고등학교의) 계단식 교실, 강당

★★
bulletin scolaire

syn. bulletin de note /
relevé de note

n. m. 성적표

À cause de mes mauvaise notes, j'ai caché mon
bulletin scolaire pour éviter de me faire disputer.
나는 안 좋은 점수 때문에 혼나는 것을 피하기 위해 성적표를 숨겼다.

▸ **éviter** v. 피하다 / **se faire disputer** v. 논쟁을 일으키다, 혼나다

★★
punir

v. 벌하다, 처벌하다

Encore une bêtise ! Tu es puni, viens par ici !
또 장난쳤구나! 너 벌 받아야 해, 여기로 와!

▸ **bêtise** n. f. 바보같은 짓, 허튼짓, 장난 / **être puni(e)** 처벌을 받다

★★
fort(e)

ant. faible
a. 약한, (능력이) 모자라는

a. 강한, 우수한, 뛰어난

Je suis assez forte en histoire.
나는 역사 과목에서 꽤 우수한 편이야.

> **Tip** 예문에 등장한 'être fort(e) en+과목명: ~과목에 우수하다'와 함께, 'être nul(le)
> en+과목명: ~과목에 약하다', 'nul(le) a. 형편없는, 무가치한, 무능한'까지 알아 두자.

★★
matière

n. f. 과목

En quelles matières es-tu faible ?
너는 어떤 과목에 약하니?

bourse
★★★

n. f. 장학금

Pour bénéficier d'une bourse d'études pour l'année à venir, vous devez consulter le plus tôt possible.

내년에 장학금 혜택을 받으려면 당신은 최대한 빨리 문의를 해 보셔야 합니다.

▶ **bénéficier** v. 혜택을 입다 / **consulter** v. 상담하다, 문의하다, 참조하다

spécialité
★

n. f. 전공, 전문 분야

L'économie est sa spécialité.

경제는 그의 전공입니다.

étude
★

n. f. 연구, 학업(복수)

Dans le cadre de mes études, je dois effectuer une formation de trois mois.

학업 과정 안에서 나는 3개월의 교육 과정을 이수해야 한다.

▶ **cadre** n. m. 범위, 한계, 틀 / **effectuer** v. 실행하다, 행하다 / **formation** n. f. 형성, 구성, 교육

améliorer
★

v. 개선하다, 개량하다, 향상(진보)시키다

Tu devrais réviser tous les jours pour améliorer ton français.

프랑스어를 향상시키기 위해서 너는 매일 복습을 해야 해.

▶ **réviser** v. 복습하다

scolarité
★★★

n. f. 취학, 취학 기간

L'âge de la scolarité obligatoire s'est abaissé de six à trois ans.

의무 교육의 나이가 여섯 살에서 세 살로 내려갔다.

▶ **scolarité obligatoire** n. f. 의무 교육 기간, 학령기 / **s'abaisser** v. 낮아지다, 내리다

★ sérieux(se)

a. 진지한, 착실한, (품행이) 단정한, 건실한

Paul est un élève très sérieux, il est souvent à la bibliothèque.
폴은 아주 착실한 학생이다, 그는 도서관에 자주 있다.

▶ **bibliothèque** n. f. 도서관

★ semestre

n. m. 학기

En tant qu'étudiant Erasmus il a passé deux semestres dans une école d'architecture en Allemagne.
에라스무스 학생으로 그는 독일 건축 학교에서 두 학기를 보냈다.

▶ **en tant que** ~(으)로서, ~의 자격으로 / **architecture** n. f. 건축, 건축술

> **Tip** 'Erasmus 에라스무스'는 유럽 내 대학 교환 학생 프로그램이다. 동일한 표현으로 'étudiant(e) en échange', 'étudiant(e) en visite'가 있다.

★ professeur(e)

n. 교수, (중학교 이상의) 교사, 선생

Monsieur le professeur Dupont, je voudrais vous demander quelque chose.
뒤퐁 교수님, 뭐 좀 부탁하고 싶습니다.

Bonus! 단어

◎ Programme éducatif   n. m. 교육 과정

école maternelle	n. f. 유치원
école primaire (syn. école élémentaire)	n. f. 초등학교
collège	n. m. 중학교
lycée	n. m. 고등학교
université	n. f. (종합) 대학교
faculté (syn. fac)	n. f. 단과 대학, 학부

◎ matière   n.f. 과목

littérature	n. f. 문학	mathématiques	n. f. pl. 수학
géographie	n. f. 지리	anglais	n. m. 영어
français	n. m. 프랑스어	biologie	n. f. 생물학
chimie	n. f. 화학	technologie	n. f. 기술
informatique	n. f. 컴퓨터	histoire	n. f. 역사
art	n. m. 예술, 미술	physique	n. f. 물리학

fourniture de bureau   n. f. 학용품

stylo	n. m. 볼펜	gomme	n. f. 지우개
crayon	n. m. 연필	cahier	n. m. 공책
agenda*	n. m. 수첩	trousse	n. f. 필통
carnet*	n. m. 다이어리, 달력형 수첩		
sac-à-dos	n. m. 백팩	cartable	n. m. 책가방
classeur	n. m. 서류 정리함	règle	n. f. 자
agrafeuse	n .f. 스테이플러	portemine	n. m. 샤프
surligneur	n. m. 형광펜	correcteur	n. m. 수정액

Tip
* carnet의 유사 표현으로 agenda까지 알아 두자.

연습문제

1 프랑스어 단어를 보고 적합한 의미를 찾아 선으로 연결해 보세요.

étude •   • 교과서

punir •   • 처벌하다

enseignement •   • 연구, 학업

manuel •   • 교육

2 주어진 문장을 보고 빈칸에 알맞은 프랑스어 단어를 보기에서 골라 적어 보세요.

> **보기**   apprends   cours   spécialité   note

1 Je prends un _____ d'espagnol.
나는 스페인어 수업을 듣는다.

2 L'économie est sa _____.
경제는 그의 전공입니다.

3 J' _____ mes leçons par cœur.
나는 수업 내용을 암기한다.

4 J'ai toujours obtenu la meilleure _____ en math.
나는 항상 수학에서 최고 점수를 받았다.

3 주어진 우리말 단어를 보고 프랑스어로 적어 보세요.

1 학기 _____

2 개선하다 _____

3 장학금 _____

4 과목 _____

Jour 4

🔊 04

🗼 직장 생활

💬
드디어
첫 출근

오랜 **au chômage** 백수 상태를 끝내고 드디어 **embauche** 취업했어요! **entretien** 면접 때 뵈었던 사장님도 좋은 분 같고, 이 **entreprise** 회사라면 저의 **carrière** 커리어를 쌓아갈 수 있을 것 같아요. **stage** 인턴 기간 3개월 동안은 **salaire** 급여가 적은 편이지만, 열심히 일을 배우다 보면 금방 지나가겠죠? 일단 **profession** 직업을 갖게 되었다는 것만으로 기분이 날아갈 것 같아요.

★
profession

n. f. 직업

Quelle est votre profession ?
당신의 직업은 무엇입니까?

★
professionnel (le)

ant. amateur(rice)
a. 아마추어의

a. 직접의, 전문적인, 프로의

Il veut devenir footballeur professionnel.
그는 프로 축구 선수가 되고 싶어한다.

▸ **devenir** v. ~이(가) 되다

★★
métier

n. m. 직업

Beaucoup de monde pense que le métier de pompier est dangereux.
많은 사람들이 소방관의 직업이 위험하다고 생각한다.

▸ **pompier** n. 소방관, 재난 구조원

> **Tip** métier는 훈련이나 반복을 통해 습득한 업무를 수행하는 직업을 뜻하고, profession은 지식과 관련된 직업을 지칭할 때 주로 사용한다. 단, 일상 회화에서는 세부적인 구분 없이 혼용하는 경우도 많다.

★
travail

n. m. 일

Je vais au travail.
나는 일하러 간다.

★
travailler

v. 일하다

Je travaille chez Orange comme ingénieur.
나는 Orange에서 기술자로 일하고 있다.

▸ **ingénieur** n. m. 엔지니어, 기술자, 개발자

Tip Orange는 프랑스의 통신 회사이다.

★★
société

n. f. 사회, 회사

Les salariés qui travaillent pour cette société
sont contents de leur bien-être au travail.
이 회사에서 일하는 직원들은 그들의 사내 복지에 대해 만족하고 있다.

▸ **salarié(e)** n. 급여 생활자 / **bien-être** n. m. 행복, 평안, 복지

★
entreprise

n. f. 회사

Je te donne une liste des entreprises qui
recrutent cet hiver.
내가 이번 겨울에 사람을 모집하는 회사들의 리스트를 너에게 줄게.

▸ **recruter** v. (회원, 직원, 당원을) 모집하다, 채용하다

Tip société는 법인 기업, entreprise는 대기업 등 일반적인 개념의 기업, 회사를 의미한다.

★
collègue

n. 동료, 동업자

Cécile avait eu des tâches très compliquées,
mais elle a finalement tout accompli grâce à
l'aide de ses collègues.
쎄씰은 매우 복잡한 임무들을 맡았지만, 결국 동료들의 도움 덕분에 모두
완수했다.

▸ **tâche** n. f. 일, 과업, 임무 / **accomplir** v. 완수하다, 달성하다

★ emploi

n. m. 일자리, 직장

Je suis à la recherche d'un emploi.

저는 일자리를 찾는 중입니다.

▹ **à la recherche de** ~을(를) 찾아서

★ employé(e)

ant. employeur(se)

n. 고용주, 사용자

n. 피고용인, 종업원, 직원

Un de mes employés ne respectait pas les horaires de travail alors je l'ai licencié il y a quelques jours.

내 직원 중 한 명이 근무 시간을 엄수하지 않아서 나는 그를 며칠 전에 해고했다.

▹ **respecter** v. 준수하다 / **licencier** v. 해고하다

★★ chômage

n. m. 실업, 실직

Je suis au chômage depuis l'année dernière.

나는 작년부터 실직 상태이다.

▹ **être au chômage** 실직 중이다

★★ formation

n. f. 연수, 교육, 직업(기술) 교육

Le demandeur d'emploi peut être payé pendant sa formation par Pôle emploi.

구직자는 고용서비스공단에 의한 교육 기간 동안 돈을 지급받을 수 있다.

▹ **demandeur(se)** n. 신청인 / **Pôle emploi** n. m. 고용서비스공단

★ C.V.

curriculum vitæ

n. m. 이력서

J'ai déposé mon C.V sur plusieurs sites, mais je n'ai eu aucune réponse.

나는 여러 사이트에 내 이력서를 제출했으나, 어떤 답변도 받지 않았다.

▹ **déposer** v. 제출하다

★
entretien d'embauche

n. m. 채용 면접

Je passe un entretien d'embauche pour un poste au service des ressources humaines.

나는 인사부의 한 자리를 위한 채용 면접을 본다.

▸ **poste** n. m. 직(職), 직위, 부서 n. f. 우체국 / **service des ressources humaines** n. m. 인사부

★★★
compétence

syn. capacité / qualité

n. f. 능력, 역량

Le travail d'équipe est la compétence la plus essentielle pour faire carrière dans ce domaine.

공동 작업은 이 분야에서 성공하기 위해 가장 중요한 역량이다.

▸ **équipe** n. f. (작업 따위의) 반, 조, 팀, 그룹 / **faire carrière** 성공하다, (어떤 직업에) 종사하다 / **essentiel(le)** a. (매우), 중요한, 기본적인

★★★
aptitude

n. f. 능력, 재능, 적성, 적합성, 자격, 면허

Les candidats seront invités à passer un test d'aptitude.

지원자들은 적성 검사를 보게 될 것입니다.

▸ **inviter** v. 초대(초청)하다 / **test d'aptitude** n. m. 적성 검사

★
assistant(e)

n. 조수, 보좌인, (대학의) 조교

Il a été assistant du metteur en scène.

그는 조연출이었다.

▸ **metteur(se) en scène** n. 연출가

★
carrière

n. f. 직업, 경력, 이력, 행로

Tout au long de ma carrière, ma famille m'a énormément appuyé.

커리어를 이어가는 내내 나의 가족들은 나를 엄청나게 뒷받침해 주었다.

▸ **au long de** ~을(를) 따라서, ~동안 내내 / **énormément** ad. 매우, 엄청나게 / **appuyer** v. 뒷받침(지지, 지원)하다, 힘을 주다

bureau
★

syn. cabinet

n. m. (사무용) 책상, 집무실, 사무실, 매표소, 판매소

Le directeur n'est pas à son bureau pour l'instant.

부장님은 지금 사무실에 안 계세요.

> **directeur(rice)** n. (조직, 업무의) 장, 통솔자, 부장 / **pour l'instant** 지금

Où est le bureau de tabac ?

담배 가게는 어디 있나요?

évaluation
★★

n. f. 평가

On a organisé une réunion avec les enseignants après la semaine d'évaluations.

평가 주간 후에 교직원들과의 모임이 계획되어 있다.

> **organiser** v. 조직(화)하다, 편성하다, 설치하다 / **réunion** n. f. 회의, 모임

syndicat
★★★

n. m. (공동의 이익을 도모하는) 조합, 협회, 노동조합

Les syndicats de la SNCF ont mis en place une grève.

SNCF의 노동조합은 파업을 실시했다.

> **mettre en place** 실시하다, 전개하다, 설치하다 / **grève** n. f. 동맹 파업, 스트라이크

> **Tip** SNCF는 프랑스 국영 철도 회사이다.

initier
★★

syn. apprendre

v. 기초를 가르쳐 주다, 입문시키다

Ce sont des activités pour initier les enfants aux technologies numériques.

이것들은 아이들을 디지털 기술에 입문시키기 위한 활동들이다.

> **numérique** a. 디지털(방식)의

apprentissage
★★

n. m. 견습, 실습, 수련

Je suis actuellement en apprentissage.

나는 현재 견습 중이다. (배우는 중이다.)

> **actuellement** ad. 현재, 지금

★★
stage

n. m. 실습 (기간), 연습 (기간)

J'ai eu l'occasion de faire un stage au sein de l'ONU.

나는 UN에서 실습을 할 기회가 있었다.

▸ **au sein de** ~의 한가운데서, 내부에서

> **Tip** ONU는 Organisation des Nations Unies의 줄임말로 UN을 의미한다.

Jour 4

★★
période d'essai

n. f. 수습 기간

La première semaine de travail est considérée comme période d'essai.

업무 첫 번째 주는 수습 기간으로 여겨진다.

▸ **considéré(e)** a. ~(으)로 간주되고 있는, 고려된

> **Tip** apprentissage와 stage는 유사한 의미(실습, 견습)로 널리 사용된다. 좀 더 세부적으로 나누면 stage는 일종의 인턴 기간을, période d'essai는 고용 후 수습 기간을 의미한다. 예를 들어, 인턴 기간을 거친 후 해당 업체에 고용된 사람은 인턴 기간만큼 수습 기간이 차감되기도 한다. 법적으로 살펴보면 프랑스에서 apprentissage는 주로 학교와 업체간의 직업 체험 과정 등 노동 계약(고용 계약) 형태로 이루어지지만, stage는 그렇지 않다.

★
condition

n. f. 조건

Il faut bien vérifier les conditions de travail avant de signer le contrat.

계약서에 사인하기 전에 근무 조건을 잘 확인해야 한다.

▸ **vérifier** v. 확인하다 / **contrat** n. m. 계약서

★★
salaire

n. m. 급여, 임금, 보수

Je t'invite ! J'ai touché mon salaire lundi dernier.

내가 쏠게! 나 지난 월요일에 월급 받았어.

▸ **inviter** v. 초대하다 / **toucher** v. 만지다, (급여를) 받다

★★
congé

n. m. 휴가

Il est en congé maladie.
그는 병가 중이다.

▸ **être en congé** 휴가 중이다 / **maladie** n. f. 병, 질환

★★
succès

n. m. 성공, 인기

Ce projet a eu un grand succès.
이 프로젝트는 커다란 성과를 거두었다.

★★★
rémunération

n. f. 보수, 수당, 급료, 사례금

Chaque année la rémunération minimale des
stagiaires augmente.
실습자(인턴)의 최저 임금은 매년 오르고 있다.

▸ **stagiaire** a. 실습(견습)의 n. 실습자, 연수자 / **augmenter** v. 올리다,
인상하다

★★
affaire

**n. f. 일, 용건, 사건, 거래, (복수) 장사, 사업,
(민간의) 경제 활동, (개인의) 자산**

C'est une bonne affaire pour toi.
그것은 너에게 좋은(유리한) 거래다.

Mon père est un homme d'affaires.
나의 아버지는 사업가이다.

★★★
faillite

n. f. 파산, 좌절, 실패

Son entreprise a été déclarée en faillite en
décembre 2004.
그의 회사는 2004년 12월에 파산 선고되었다.

▸ **déclaré(e)** a. 선언된, 신고된

démissionner
★★

v. 사직하다, 퇴사하다

Je n'en peux plus ! Je démissionne !
더 이상 못 하겠어! 나 퇴사할래!

postuler
★

v. 지원하다

Pour postuler à un emploi en France, vous devez généralement envoyer une lettre de motivation et un C.V. à l'employeur.
프랑스에서 일자리에 지원하기 위해서는, 일반적으로 지원 동기서와 이력서를 고용주에게 보내야 합니다.

▸ **lettre de motivation** n. f. 지원 동기서

candidature
★★

n. f. 입후보, 지원

Nous sommes heureux de vous annoncer que votre candidature a été acceptée.
합격 소식을 알려 드리게 되어 기쁩니다. (당신의 지원서가 승인된 것을 알리게 되어 기쁩니다.)

▸ **accepter** v. 받아들이다, 승낙하다

retraite
★★

n. f. 퇴직, 퇴역, 은퇴

Il s'est mis à jardiner après la retraite.
그는 퇴직 후 정원을 가꾸기 시작했다.

▸ **se mettre à** ~을(를) 시작하다 / **jardiner** v. 정원(뜰)을 가꾸다

siège
★★★

n. m. 의자, 좌석 (회사, 행정 종교 따위의) 본부, 본사, 소재지, 근거지

BNP Parisbas a son siège social à Paris.
BNP Parisbas는 파리에 본사를 갖고 있다.

Tip BNP Parisbas는 프랑스 최대 은행 그룹이다.

Bonus!
단어

🎯 métier 직업

architecte	n. 건축가	comptable	n. 회계원
chanteur(se)	n. 가수	fonctionnaire	n. 공무원
danseur(se)	n. 무용수	avocat(e)	n. 변호사
artiste	n. 아티스트	journaliste	n. 기자
peintre	n. 화가	dentiste	n. 치과 의사
styliste	n. 스타일리스트	médecin	n. 의사
coiffeur(se)	n. 미용사	infirmier(ère)	n. 간호사
acteur(rice)	n. 배우	ingénieur(e)	n. m. 엔지니어
agriculteur(rice)	n. 농민	agent(e) immobilier(ère)	n. m. 부동산업자
policier(ère)	n. 경찰관	entrepreneur(se)	n. 사업가
pompier(ère)	n. 소방관	sportif(ve)	n. 운동선수

- pompier, médecin, ingénieur, agent, professeur 등은 과거에 주로 남성이 가졌던 직업으로 여전히 대다수의 사전에 남성 명사로 표기되어 있다. 그러나 현재 프랑스에서 여성 엔지니어는 ingénieure로, 여성 의사는 une médecin으로 나타내자는 직업명사 여성화(féminisation) 표기 움직임이 활발히 진행되고 있어, 이러한 경향을 반영하여 표기하였다.

연습문제

1 프랑스어 단어를 보고 적합한 의미를 찾아 선으로 연결해 보세요.

rémunération •　　　　　　　• 지원하다

retraite •　　　　　　　　　• 퇴직

postuler •　　　　　　　　　• 견습, 실습

apprentissage •　　　　　　　• 보수, 급료

2 주어진 문장을 보고 빈칸에 알맞은 프랑스어 단어를 보기에서 골라 적어 보세요.

> **보기**　succès　profession　congé　démissionne

1　Je _____ ! Je n'en peux plus !
　　나 퇴사할래! 더 이상 못 하겠어!

2　Ce projet a eu un grand _____ .
　　이 프로젝트는 커다란 성과를 거두었다.

3　Quelle est votre _____ ?
　　당신의 직업은 무엇입니까?

4　Il est en _____ de maladie.
　　그는 병가 중이다.

3 주어진 우리말 단어를 보고 프랑스어로 적어 보세요.

1　실업　　　　　　　_____

2　역량　　　　　　　_____

3　경력, 이력　　　　_____

4　일하다　　　　　　_____

....

정답
　1 rémunération - 보수, 급료, retraite - 퇴직, postuler - 지원하다, apprentissage - 견습, 실습
　2 ① démissionne ② succès ③ profession ④ congé
　3 ① chômage ② compétence ③ carrière ④ travailler

◁》 05
🗼 가족, 지인

💬
**가족이
모두
모이는 날**

우리 **famille** 가족을 소개합니다. **parents** 부모님은 금슬 좋기로 소문난 잉꼬 **couple** 부부고요, 우리 **frère** 오빠는 작년에 **se marier** 결혼해서 지금 **belle-sœur** 새언니가 아기를 **enceinte** 임신 중이지요. 곧 추석이 되면 가족이 모두 **se réunir** 모일 텐데요. **cousins** 사촌들까지 오랜만에 만나서 놀 생각에 벌써부터 설레네요.

★
famille

n. f. 가족

Dans ma famille, il y a 4 personnes : mon père, ma mère, mon frère et moi.
우리 가족은 4명이에요: 아버지, 어머니, 형 그리고 저요.

> **Tip** 프랑스어에서 ':(les deux points)'은 인용, 설명, 결론, 요약 등 뒤에 이어지는 내용 앞에 쓰인다.

★
parents

n. m. pl. 부모, 양친

Mes parents travaillent tous les deux.
부모님 두 분 모두 일을 하십니다.

★
proche

a. (관계가) 가까운, 친한 n. 친구, (복수) 친족, 혈족

Un de mes proches a gagné au loto, mais depuis, il ne nous répond plus.
내 지인 중 한 명이 로또에 당첨되었는데, 그 후로 더 이상 연락을 받지 않더라고.

En cas de décès d'un membre de la famille proche, l'employé peut demander un congé payé.
가까운 가족 구성원의 사망 시, 직원은 유급 휴가를 요청할 수 있다.

▶ **en cas de** ~의 경우에 / **décès** n. m. 사망, 죽음 (syn. mort) / **membre** n. m. 구성원, 일원

entourage

★

n. m. 주위 사람들, 측근

Elle ne me présente jamais à son entourage.
그녀는 그녀의 주위 사람들을 나에게 결코 소개하지 않는다.

▸ **présenter** v. 소개하다

fréquenter

★

v. (장소에) 자주 드나들다, (사람과) 어울리다, 교제하다, 자주 만나다

Elle fréquentait souvent la bibliothèque universitaire pour préparer sa thèse.
그녀는 학위 논문을 준비하기 위해 대학 도서관을 자주 드나들곤 했다.

▸ **thèse** n. f. (박사) 학위 논문, (학위 논문의) 발표

femme

★

ant. mari n. m. 남편

n. f. 여자, 부인

Je me souviens de ma lune de miel avec ma femme.
나는 부인과 함께한 신혼여행을 기억한다.

▸ **se souvenir de** ~을(를) 기억하다, 추억하다 / **lune de miel** n. f. 허니문, 신혼여행, 신혼

Tip femme를 '아내'의 의미로 사용할 때 주로 소유격과 함께 쓴다.
ⓔ La femme de Jean 장의 부인 / Sa femme 그의 부인

soutenir

★★

v. 떠받치다, 지탱하다, 원조하다, 지원하다
(se soutenir v. 서로 돕다(지원하다))

J'exprime ma gratitude à mes amis qui m'ont toujours soutenu.
저를 항상 지지해 준 저의 친구들에게 감사의 마음을 표합니다.

▸ **gratitude** m. f. 감사(의 마음)

Mon mari et moi, on se soutient mutuellement.
내 남편과 나는 서로를 지지해 준다.

▸ **mutuellement** ad. 상호적으로, 서로

couple

★

n. m. 커플

Je suis en couple avec Marie.

나 마리와 사귀고 있어.

se réunir

★★

v. (사람이) 모이다, 집결하다

Chuseok est le jour où tous les membres d'une famille se réunissent pour commémorer la mémoire des ancêtres.

추석은 조상들을 기리기 위해 가족의 모든 일원들이 모이는 날이다.

▸ **commémorer** v. 기념하다, 추념(추모)하다 / **ancêtre** n. 조상, 선조

visite

★

n. f. 방문

Je vais rendre visite à mes grands-parents à la fin d'avril.

나는 4월 말에 조부모님을 찾아뵐 것이다.

▸ **rendre visite** 방문하다, 찾아뵙다

> **Tip** visiter는 장소를 나타내는 표현과 결합하여 '~을(를) 방문하다', rendre visite는 'à+사람'과 결합하여 '~을(를) 찾아뵙다, 만나러 가다'를 나타낸다.

se marier

★

v. 결혼하다

Tu n'es pas obligé de te marier.

결혼이 의무는 아니야.

▸ **obligé(e)** a. 의무가 있는, 불가피한

célibataire

★

a. 독신의 n. 독신자

Je suis célibataire mais je suis bien comme ça.

나는 독신이지만 이대로 좋아.

mariage

★

n. m. 결혼(식)

Écoutez bien, vous devez tous assister à mon mariage, sans exception !

잘 들어, 너희들 모두 내 결혼식에 참석해야 해, 예외 없이!

▶ **assister à** ~에 참석하다 / **exception** n. f. 예외

épouser

★

syn. se marier avec

v. 결혼하다

Veux-tu m'épouser ?

나랑 결혼해 줄래?

> **Tip** '~와(과) 결혼하다'의 의미로 사용할 때, épouser는 전치사 없이 사람과 결합하여 사용하고, se marier는 'avec+사람' 형태로 활용한다.

époux(se)

★★

n. 배우자

Les époux doivent faire des efforts pour un mariage heureux.

행복한 결혼을 위해서 두 배우자 모두 노력해야 한다.

▶ **effort** n. m. 노력

conjoint(e) de fait

★★

n. 사실혼 관계의 배우자

Selon la loi canadienne, les personnes qui vivent ensemble sans être mariées sont appelées « conjoints de fait ».

캐나다 법에 따르면 결혼하지 않고 함께 사는 사람들을 '사실혼 관계의 배우자'라고 부른다.

▶ **selon** ~에 따라, ~에 의하면

> **Tip** époux, épouse, conjoint(e)은 주로 법률, 행정 용어이며 일상에서 남편과 부인을 지칭할 때는 mari, femme를 사용한다. 프랑스의 '사실혼'은 일반적인 계약 관계와 같은 개념으로 우리나라 법 체계에서 정의하는 사실혼의 개념과 차이가 있으며 적용되는 법적 효력 또한 다르다.

★★ enceinte

a. 임신한

Je suis encore tombée enceinte lorsque ma fille avait 3 ans.

내 딸이 3살일 때 나는 또 다시 임신했다.

> **tomber enceinte** 임신하다

★★★ accouchement

n. m. 출산, 분만

Le congé maternité dure 10 semaines après l'accouchement.

육아 휴직(출산 휴가)은 출산 후 10주간이다.

> **maternité** n. f. 모성, 출산 / **durer** v. 지속되다, 계속되다, (기간이) ~(이)다 / **accoucher** v. 출산하다

★★ aîné(e)

ant. cadet(te) n. 둘째부터의 자녀, 막내

a. 연장의, 손위의 n. 장남, 장녀

Mon fils aîné est très calme et raisonnable, par contre l'autre est trop dissipé.

우리 장남은 아주 차분하고 이성적인 반면 다른 아이는 매우 산만하다.

> **dissipé(e)** a. 산만한

★★ fille unique

n. f. 외동딸

Une fille unique reçoit beaucoup d'amour de ses parents.

외동딸은 부모님으로부터 많은 사랑을 받는다.

> **unique** a. 유일한, 단 하나밖에 없는

Tip 'fils unique n. m. 외동아들'도 알아 두자.

★★★ sang

n. m. 피

Ce n'est pas seulement le sang qui unit la famille.

가족을 연결하는 것은 피뿐만은 아니다.

> **unir** v. 연결하다, 결합하다

belle-mère
★

n. f. 배우자의 어머니

Ma belle-mère est très gentille et me respecte.
나의 시어머니는 아주 친절하고, 나를 존중한다.

---

divorcer
★

v. 이혼하다

Il a divorcé après 3 mois de mariage, malgré 8 années passées avec elle.
그는 그녀와 8년의 시간에도 불구하고, 3개월의 결혼 생활 후 이혼했다.

▸ **malgré** ~에도 불구하고

---

femme au foyer
★★

n. f. 전업주부

Je suis une femme au foyer.
나는 (여성) 전업주부다.

Tip 남성인 경우 'homme au foyer (남성) 전업주부'라고 한다.

---

séparé(e)
★

a. 헤어진, 별거 중인

Nous sommes séparés depuis un an.
우리는 헤어진 지 일 년째다.

---

maternel(le)
★★

ant. paternel(le)
a. 아버지의, 부계의

a. 어머니의, 모계의

Toute ma famille maternelle est française.
외가 쪽 식구들은 모두 프랑스인이다.

---

adoptif(ve)
★★

a. 양자의, 선택의

La plupart des familles adoptives préfèrent adopter des enfants en bas âge.
대부분의 입양 가족들은 어린아이를 입양하는 것을 선호한다.

▸ **enfant** n. 어린이, 아이 / **plupart** n. f. 대부분, 대다수

★★★
héritage

n. m. 상속, 유산

Nos grands-parents ne nous ont rien laissé comme héritage.
우리 조부모님은 우리에게 유산으로 아무것도 남기지 않았다.

▸ **laisser** v. 남기다

★
ami(e)

n. 친구

Je vais voir mes amis.
나는 친구들을 보러(만나러) 간다.

★
connaître

v. 알다

Tu connais bien Marie ?
너 마리를 잘 아니? (너 마리와 친하니?)

★
connaissance

n. f. 앎, 알기, 지식, 지인, 교제

Enchanté de faire votre connaissance.
만나뵙게 되어 반갑습니다. (당신을 알게 되어 기쁩니다.)

▸ **enchanté(e)** a. 매우 기쁜 (만족한) / **faire la connaissance** ~을 (를) 처음으로 알게 되다

★
rencontrer

v. 만나다

Hier soir, j'ai rencontré des gens vraiment sympas.
어제 저녁에 나는 정말 괜찮은 사람들을 만났다.

★★
s'éloigner

v. 멀어지다

Je me suis éloignée de mes anciennes connaissances.
나는 내 예전 지인들과 멀어졌다.

Bonus!
단어

🎯 **famille**　 n. f. 가족

	grands-parents n. m. pl. 조부모		
grand-père	n. m. 할아버지	**grand-mère**	n. f. 할머니
	parents n. m. pl. 부모		
mari (époux)	n. m. 남편	**femme (épouse)**	n. f. 부인
père	n. m. 아버지	**mère**	n. f. 어머니
frère *	n. m. 남자 형제	**sœur ***	n. f. 여자 형제
fils	n. m. 아들	**fille**	n. f. 딸
	petits-enfants n. m. pl. 손주		
petit-fils	n. m. 손자	**petite-fille**	n. f. 손녀
	beaux-parents n. m. pl. 배우자의 부모		
beau-père **	n. m. 배우자의 아버지	**belle-mère ****	n. f. 배우자의 어머니
beau-frère	n. m. 배우자의 남자 형제, 여자 형제의 배우자	**belle-sœur**	n. f. 배우자의 여자 형제, 남자 형제의 배우자
beau-fils (gendre)	n. m. 사위	**belle-fille**	n. f. 며느리
oncle	n. m. 부모의 남자 형제	**tante**	n. f. 부모의 여자 형제
neveu	n. m. 조카(남)	**nièce**	n. f. 조카(여)
cousin	n. m. 사촌(남)	**cousine**	n. f. 사촌(여)

* frère와 sœur를 좀 더 세부적으로 구분하여 말할 수 있다.
grand frère m. 오빠, 형 / **petit** frère m. 남동생
grande sœur f. 언니, 누나 / **petite** sœur f. 여동생

** 'beau-père 새아버지', 'belle-mère 새어머니'의 뜻도 있다. 즉, 프랑스어에서 가족 명칭 앞에 남성은 beau, 여성은 belle을 첨가하면 '새로이 생긴 가족', '결혼을 통해 생긴 가족'의 의미를 더한다.

연습문제

1 프랑스어 단어를 보고 적합한 의미를 찾아 선으로 연결해 보세요.

célibataire •   • 독신의, 독신자

héritage •   • 장남, 장녀

fréquenter •   • 상속, 유산

aîné(e) •   • (사람과) 어울리다, 자주 만나다

2 주어진 문장을 보고 빈칸에 알맞은 프랑스어 단어를 보기에서 골라 적어 보세요.

보기	connaissance	séparés	connais	épouser

1 Tu _____ bien Marie ?
너 마리를 잘 아니? (너 마리와 친하니?)

2 Veux-tu m' _____ ?
나랑 결혼해 줄래?

3 Enchanté de faire votre _____ .
만나뵙게 되어 반갑습니다. (당신을 알게 되어 기쁩니다.)

4 Nous sommes _____ depuis un an.
우리는 헤어진 지 일 년째다.

3 주어진 우리말 단어를 보고 프랑스어로 적어 보세요.

1 결혼(식) _____

2 만남 _____

3 피 _____

4 가까운 _____

....

정답

1 célibataire - 독신의, 독신자, héritage - 상속, 유산, fréquenter - (사람과) 어울리다, 자주 만나다, aîné(e) - 장남, 장녀
2 ① connais ② épouser ③ connaissance ④ séparés
3 ① mariage ② rencontre ③ sang ④ proche

🇫🇷 프랑스 Talk

파리의 20개 구

파리는 20개의 'arrondissement 구'로 이루어져 있습니다. 루브르 박물관이 있는 파리의 중심 1구에서 시작해서 시계 방향으로 빙글빙글 돌아 숫자를 셉니다. 파리 여행의 주요 명소를 구별로 소개해 드릴게요.

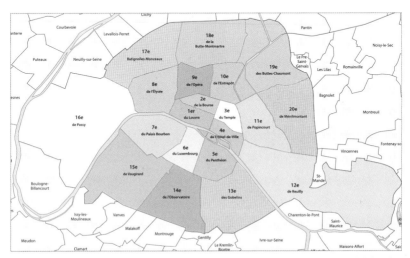

▲ 파리의 20개 구

1~3구   루브르, 오랑주리 박물관, 튈르리 공원, 퐁뇌프 등 관광지가 몰려 있어 항상 붐빕니다.

4구   노트르담 성당, 보쥬 광장, 파리 시청, 퐁피두 센터가 있습니다. 파리의 패션 피플들이 다 모이는 거리로, 멋진 디자이너 샵들과 빈티지 샵들이 많습니다.

5구   소르본 대학, 팡테옹이 있습니다. 팡테옹에는 빅토르 위고, 루소, 몰리에르 등 유명인들이 잠들어 있죠.

6구   오르세 미술관, 룩상부르 공원, 라탱 구역, 생제르망 데 프레가 있습니다. 대학가 분위기를 느낄 수 있고 거리의 분위기도 고급스럽습니다.

7구   파리의 상징 에펠탑이 있습니다. 에펠탑 뷰를 확보한 곳은 최고의 집값을 기록하지요. 그래서인지 건너편인 16구는 상당한 부촌으로 알려져 있습니다.

12구   바스티유 광장 중앙에는 7월 혁명 때 희생된 사람들의 유해가 묻혀 있습니다.

13~16구   몽파르나스는 헤밍웨이, 마티스, 앙드레 지드와 같은 예술가, 문학가들이 머물던 곳입니다. 센강 남쪽은 비교적 치안이 좋습니다.

18구   몽마르뜨 언덕이 유명하며 피카소, 모딜리아니, 르누아르 등 세계적인 예술가의 활동 무대였습니다. 언덕 위에 위치한 성심성당 앞 계단에 앉으면 파리 전경이 눈앞에 펼쳐집니다.

Chapitre

2

하루하루
일상생활

◁)) 06

🏠 모두의 일상

💬
집순이의 하루

제 **vie quotidienne** 일상 생활은 남들과 특별히 다르지 않아요. **habitude** 습관처럼 알람 소리에 일어나 후다닥 **se laver** 씻고 나갔다 오면, 어느새 **journée** 하루가 훌쩍 지나가 있죠. 주말에는 밀린 **grasse matinée** 늦잠을 자고, **série** 연속극 정주행도 하고요. 틈틈이 **ménage** 집안일도 해 놔야죠. 가끔은 친구들을 만나 시간을 **passer** 보내기도 하지만, 역시 제일 좋은 건 잠자는 거랍니다.

★
quotidien(ne)

a. 일상의, 나날의 n. m. 일상적인 일

Parlez-moi de la vie quotidienne de votre famille.
당신 가족의 일상생활에 대해 말해 주세요.

★
journée

n. f. (아침부터 저녁까지의) 하루, 낮 동안

Il a passé une journée très chargée et fatiguante comme les autres.
그는 다른 이들과 마찬가지로 바쁘고 피곤한 하루를 보냈다.

▸ **chargé(e)** a. 짐을 실은, 묵직한

★★
routine

n. f. 관례, 판에 박힌 일

Métro-boulot-dodo, j'ai envie de casser la routine.
지하철-일-잠, 나는 판에 박힌 일상을 부수고 싶다.

▸ **casser** v. 부수다, 깨다

★★
habitude

n. f. 습관, 버릇

Comme d'habitude, il est arrivé en retard.
여느 때처럼, 그는 늦게 도착했다.

★ ménage

n. m. 집안일

J'en ai marre de faire le ménage.
나는 집안일하는 게 지긋지긋해.

▸ **en avoir marre de** ~ ~하는 것이 지긋지긋하다

★ aspirateur

n. m. 청소기

Il faut passer l'aspirateur.
청소기 돌려야 돼.

★★ matinée

n. f. 아침 나절, 오전 중

Je suis complètement épuisée, je vais faire la grasse matinée demain.
나는 완전히 지쳤어, 내일은 늦잠 잘 거야.

▸ **faire la grasse matinée** 늦잠 자다

Jour 6

★★ passer

v. (시간을) 보내다

Nous avons passé un très bon moment ensemble.
우리는 함께 아주 좋은 시간을 보냈다.

▸ **moment** n. m. 순간, 때, 시간

★ se disputer

v. 언쟁하다

On se disputait fréquemment et maintenant il ne me parle plus.
우리는 빈번하게 언쟁을 하곤 했는데, 지금 그는 나에게 더 이상 말을 걸지 않는다.

▸ **fréquemment** ad. 자주, 빈번하게

★ se lever

v. (잠자리에서) 일어나다

J'essaie de me lever tôt.
나는 일찍 일어나려고 노력한다.

▸ **essayer** v. 시도하다, 노력하다

★
se laver

v. 씻다

Il ne se lave pas souvent en hiver.
그는 겨울에 자주 씻지 않는다.

> **Tip** 'se laver+신체 부위: ~을(를) 씻다, 깨끗이 하다'라고 말할 때, 신체 부위 명사에는 정관사를 사용한다.
> ⓔ Je me lave <u>les</u> cheveux. 나는 머리를 감는다.

★
se brosser

v. 자기의 ~을(를) 솔질하다

Je me brosse les dents avant et après le petit-déjeuner.
나는 아침 식사 전과 후에 양치를 한다.

▸ **dent** n. f. 치아, 이, 이빨

★★
série

n. f. (텔레비전의) 시리즈물, 연속극

Je regarde un film ou une série avant de dormir.
나는 자기 전에 영화나 연속극을 한 편 본다.

▸ **dormir** v. 자다

★
lire

v. 읽다

Elle lit toujours quelque chose dans le métro.
그녀는 지하철에서 항상 무언가를 읽는다.

★
rentrer

v. 귀가하다

Parfois on rentre ensemble en bus, mais elle prend souvent son vélo.
가끔 우리는 버스로 함께 귀가하지만 그녀는 주로 자전거를 탄다.

★
se promener

v. 산책하다

J'adore me promener dans le jardin des plantes.
나는 식물원을 산책하는 것을 매우 좋아한다.

▸ **jardin** n. m. 정원 / **plante** n. f. 식물, 초목, 풀

★★★
prévoir

v. 예상하다, 계획하다, 예정하다

Tu as prévu quelque chose ce samedi ?
너 이번 토요일에 뭔가 계획해 두었니?

★
original(e)

a. 개성있는, 특별한

Rien d'original.
특별한 것 없어.

★
sieste

n. f. 낮잠

Certaines entreprises proposent à leurs employés de faire une petite sieste pour augmenter leur créativité et leur productivité au travail.
몇몇 회사들은 창의성과 생산성을 증대시키기 위해 직원들에게 짧은 낮잠을 자도록 권유한다.

> **créativité** n. f. 창의성 / **productivité** n. f. 생산성

Jour 6

★★
journal intime

n. m. 일기, 신문

Écrire un journal intime me permet de voir autrement ce qui se passe dans ma vie.
일기 쓰기는 내 삶에서 일어나는 것을 다르게 볼 수 있도록 해 준다.

> **intime** a. 내면의, 긴밀한, 밀접한 n. 친구, 측근 / **se passer** v. (일, 사건이) 발생하다, 일어나다

★
ouvrir

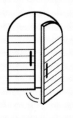

v. 열다

Il suffit d'ouvrir les fenêtres 10 à 15 minutes par jour pour aérer la pièce.
공간을 환기시키기 위해서, 하루에 10분에서 15분 창문을 열어 두는 것으로 충분하다.

> **suffire** v. 충분하다, 족하다 / **par jour** 하루에 / **aérer** v. 환기시키다 / **pièce** n. f. 조각, (문학, 음악의) 작품, 방

s'étirer
★★

v. 기지개를 켜다

Je me frotte les yeux et je m'étire.
나는 눈을 비비고 기지개를 켠다.

▸ **se frotter** v. 자기 몸을 문지르다

douche
★

n. f. 샤워

Je prends une douche en chantant.
나는 노래하면서 샤워한다.

▸ **en ~ant** [제롱디프] ~하면서

se reposer
★

v. 쉬다

Reposez-vous bien !
푹 쉬세요!

bâiller
★

v. 하품하다

Je n'arrête pas de bâiller quand je suis stressée ou je suis fatiguée.
나는 스트레스를 받거나 피곤할 때면 하품을 멈추지 않는다.

▸ **stresser** v. 스트레스를 받다

économie
★

n. f. 저축

Ma mère me disait toujours de faire des économies.
엄마는 늘 내게 저축을 하라고 이야기하곤 했다.

s'habituer
★★

v. 익숙해지다, 길들다, 적응하다

Je ne me suis pas encore habitué à ma nouvelle maison.
나는 아직 새로운 집에 적응이 안 됐다.

▸ **nouveau(elle)** a. 새로운 / **maison** n. f. 집

★
politesse

n. f. 예의, 예절, 공손함

Quand on écrit une lettre officielle, les formules de politesse sont indispensables.

공식적인 편지를 쓸 때 예의를 갖춘 형식은 필수적이다.

▸ **formule** n. f. 관례적인 문구(표현), 양식, 서식 / **indispensable** a. 없어서는 안 되는, 필수적인

★★
ranger

v. 정리하다

À chaque changement de saison, je trie et range mes vêtements.

계절이 변할 때마다 나는 내 옷들을 분류하고 정리한다.

▸ **saison** n. f. 계절 / **trier** v. 분류하다

Jour
6

★
vaisselle

n. f. 식기류, 식기 세척

Je fais la vaisselle et toi, la lessive.

나는 설거지하니까 너는, 빨래를 해.

▸ **lessive** n. f. 세탁(물)

★
passe-temps

n. m. 취미 생활, 소일거리

Les jeux vidéo sont mon seul passe-temps, à part ça je ne fais pas grand-chose.

게임이 나의 유일한 취미 생활이야, 그 외에는 별다른 것을 하지 않아.

▸ **à part** ~ 외에는

★
arroser

v. 물을 주다, 적시다

Nous avons encore oublié d'arroser les plantes.

우리는 또 식물에 물 주는 것을 잊었다.

▸ **oublier** v. 잊다, 잊어버리다

★★★
bricolage

n. m. 공작, 작업, (취미) 만들기, 목공일

Mon père aime bien faire du bricolage et donc il s'intéresse beaucoup aux outils.

나의 아버지는 목공일하기를 좋아하고, 그래서 목공 도구에 관심이 많다.

▸ **s'intéresser à** v. ~에 흥미를 갖다 / **outil** n. m. 도구

★★
pratiquer

v. 실천하다, 실행하다

Je pratique régulièrement une ou deux activités sportives comme la natation ou le yoga.

나는 수영이나 요가와 같은 운동을 규칙적으로 실행한다.

▸ **régulièrement** ad. 합법적으로, 규칙적으로, 정기적으로 / **activité** n. f. 활동 / **yoga** n. m. 요가

★★
casanier(ère)

a. 집 안에 붙어 있기를 좋아하는 n. 집 안에 붙어 있기를 좋아하는 사람

Il est assez casanier et il quitte la maison uniquement pour des raisons précises.

그는 꽤 집 안에 있기를 좋아해서 뚜렷한 이유가 있을 때만 집을 나선다.

▸ **quitter** v. 떠나다 / **précis(e)** a. 정확한, 명확한

★★★
argot

n. m. 은어

Comme les jeunes français utilisent beaucoup de mots d'argot, j'avais du mal à comprendre au début.

젊은 프랑스인들이 은어를 많이 사용하기 때문에, 나는 초반에 이해하는 데 어려움이 있었다.

▸ **avoir du mal à** ~하는 데 어려움이 있다 / **comprendre** v. 이해하다 / **début** n. m. 시작, 시초, 데뷔

Bonus! 단어

🎯 verbe pronominal   n. m. 대명동사

se réveiller	v. 깨다
se lever	v. 일어나다
se coucher	v. 눕다, 잠자리에 들다
s'endormir	v. 잠들다, 졸다
se laver	v. 씻다
se doucher	v. 샤워하다
se brosser les dents	v. 양치하다
se raser	v. 면도하다
s'épiler	v. 제모하다
se sécher	v. 말리다
s'habiller	v. 옷 입다
se préparer	v. 준비하다
se dépêcher	v. 서두르다
se peigner	v. 머리 빗다
se coiffer	v. 머리 손질하다
s'amuser	v. 즐기다
s'intéresser	v. 흥미를 갖다
s'ennuyer	v. 지루해하다

- 대명동사란 재귀대명사와 동사가 결합한 형태를 말한다. 재귀대명사는 주어의 동작이 주어에게 되돌아가게 하는 것으로, 동사와 결합하여 '자기 자신을 / 자기 자신에게 ~하다'의 의미를 나타낸다.
  예 lever (어떤 대상을) 일으키다 / se lever 일어나다 (자기 자신을 일으키므로),
  laver (어떤 대상을) 씻기다 / se laver 씻다 (자기 자신을 씻기므로)

연습문제

1 프랑스어 단어를 보고 적합한 의미를 찾아 선으로 연결해 보세요.

quotidien(ne) •   • 낮잠

passe-temps •   • 일상의

sieste •   • 산책하다

se promener •   • 취미 생활, 소일거리

2 주어진 문장을 보고 빈칸에 알맞은 프랑스어 단어를 보기에서 골라 적어 보세요.

> **보기** habitude   douche   Reposez-vous   vaisselle

1 Je fais la _____ et toi, la lessive.
나는 설거지하니까 너는, 빨래를 해.

2 _____ bien !
푹 쉬세요!

3 Comme d' _____ , il est arrivé en retard.
여느 때처럼, 그는 늦게 도착했다.

4 Je prends une _____ en chantant.
나는 노래하면서 샤워한다.

3 주어진 우리말 단어를 보고 프랑스어로 적어 보세요.

1 집안일   _____

2 공작, 목공일   _____

3 예의, 예절   _____

4 익숙해지다   _____

....

정답   **1** quotidien(ne) - 일상의, passe-temps - 취미 생활, 소일거리, sieste - 낮잠, se promener - 산책하다
2 ① vaisselle ② Reposez-vous ③ habitude ④ douche
3 ① ménage ② bricolage ③ politesse ④ s'habituer

'Baccalauréat 바칼로레아' 엿보기

프랑스에서는 매년 6월 대학 입학 자격 시험인 바칼로레아(줄여서 bac)가
끝나면, 전국적인 관심사가 떠오릅니다. 수능 등급 컷? No! 바로 철학 문항
입니다. 정해진 답이 없는, 생각을 묻는 시험인 Bac philo. 이는 학생들뿐 아
니라 많은 성인들의 토론 주제가 됩니다.
출제 방식은 전공별로 3가지 주제(2가지 주제+발췌문 읽고 평가하기)가 주어
지고 그 중에 하나를 골라 답변하도록 되어 있습니다. 기출 문제를 함께 살
펴볼까요?

**Jour
6**

Sujet du Bac Philo Série S : Scientifique (자연계)

1. Le désir est-il la marque de notre imperfection ?

   욕망은 우리의 불완전함에 대한 표시인가?

2. Éprouver l'injustice, est-ce nécessaire pour savoir ce qui est juste ?

   정의가 무엇인지 알기 위해 'l'injustice 불의'를 경험하는 것이 필요한가?

3. 존 스튜어드 밀의 "논리의 체계" 발췌문 읽고 평가하기

Sujet du Bac Philo Série L : Littéraire (인문계)

1. La culture nous rend-elle plus humain ?

   문화는 우리를 좀 더 인간적으로 만들어 주는가?

2. Peut-on renoncer à la vérité ? 우리는 진실을 포기할 수 있는가?

3. 쇼펜하우어의 "의지와 표상으로서의 세계" 발췌문 읽고 평가하기

Sujet du Bac Philo Série ES : Economique et sociale (경제와 사회)

1. Toute vérité est-elle définitive ? 모든 진리는 결정적인가?

2. Peut-on être insensible à l'art ? 우리는 예술에 대해 무감각할 수 있는가?

3. 뒤르켐의 "종교 생활의 원초적 형태"의 발췌문 읽고 평가하기

Jour 7

🔊 07

⌘ 전화, 소통

💬 **너무 비싼 휴대폰 요금**

손에서 한시도 뗄 수 없는 **portable** 핸드폰! 친구들과는 주로 **SMS** 문자로 얘기를 나눠요. **appel** 통화보다 훨씬 간편하거든요. 수업 시간에는 전화가 **sonner** 울리면 안 되니까 늘 **en mode vibreur** 진동 모드로 바꿔 두죠. 잠들기 전에는 꼭 남자 친구에게 **appeler** 전화를 걸어요. 하루 일과를 **raconter** 이야기하다보면 **communiquer** 대화하느라 밤을 새기도 해요. 아쉬워서 전화를 끊기가 힘든 거 있죠? 결국 전화 요금의 압박에, 무제한 **forfait** 요금제로 바꿨답니다.

★
téléphone

n. m. 전화

Je suis au téléphone, peux-tu baisser le volume de la télé ?
나 통화 중이야, 너 TV 볼륨 좀 낮춰 줄 수 있니?

▸ **baisser** v. 낮추다

> **Tip** télé는 télévision의 줄임 표현이다. télé를 téléphone으로 혼동하지 않도록 주의하자.

★
numéro

n. m. 번호, 전화번호

Quel est ton numéro ?
너 전화번호가 뭐야?

★
portable

syn.
téléphone portable /
téléphone mobile

a. 휴대용의 n. m. 핸드폰

Il a perdu son portable, tu connais son numéro de téléphone fixe ?
그는 핸드폰을 잃어버렸어, 너 그의 유선 전화번호 아니?

▸ **fixe** a. 고정된, 움직이지 않는

★★ vibreur

n. m. 진동자, 진동판

Mettez votre téléphone en mode vibreur.

전화기를 진동 모드로 해 놓으세요.

▸ **en mode vibreur** 진동 모드로

★ parler

v. 말하다

Pourrais-je parler à Madame Garnier ?

가르니에씨와 통화할 수 있을까요?

★ appeler

v. 부르다, 전화하다

Appelle la police !

경찰 불러! (경찰에 전화해!)

★ rappeler

v. 다시 부르다, 다시 전화하다

Je rappellerai. Merci.

내가 다시 전화할게. 고마워.

★★ appel

n. m. 부름, 호출, 소환

Vérifie la liste des appels de ton portable.

너 핸드폰 통화 목록을 확인해 봐.

▸ **vérifier** v. 확인하다 / **liste** n. f. 표, 목록, 명단

★★ communica-tion

n. f. 의사소통, 연락, 통신

Une communication réussie demande une bonne écoute.

성공적인 의사소통은 경청을 필요로 한다.

▸ **reussi(e)** a. 성공적으로 이루어진, 훌륭한, 뛰어난 / **demander** v. (주어는 사물) 필요로 하다 / **écoute** n. f. 듣기, 청취, 경청

★ contacter

v. 접촉하다, 연락하다

À quel numéro puis-je vous contacter ?

어떤 번호로 당신께 연락할 수 있을까요?

> **Tip** 'Je peux (pouvoir 동사: 할 수 있다)'를 도치할 땐 'peux-je'가 아닌 'puis-je' 형태를 사용한다.

★ contact

n. m. 접촉, 연락

Restez en contact avec les personnes âgées lors d'une canicule.

폭염 때에는 노인들과 연락을 유지하세요.

▸ **âgé(e)** a. 나이가 많은, 늙은 / **lors de** ~할 때 / **canicule** n. f. 폭염

★ sms

syn. n. m. texto

n. m. 문자 메시지

J'ai reçu un sms d'un numéro inconnu et je l'ai supprimé tout de suite.

나는 모르는 번호의 문자를 한 통 받았고, 그것을 바로 삭제했다.

▸ **recevoir** v. 받다 / **inconnu(e)** a. 모르는, 정체불명의, 익명의 n. 모르는 사람, 무명인 / **supprimer** v. 삭제하다

★★ part

n. f. 몫, 부분, 방향, 곳

C'est de la part de qui ?

(전화로) 누구시죠?

▸ **de la part de qn** ~에게서, ~한테서

★★ répondeur

n. m. 자동 응답기

Il faut consulter votre répondeur pour écouter vos messages vocaux.

음성 메시지를 듣기 위해서는 자동 응답기를 확인해야 합니다.

▸ **consulter** v. 상담하다, 문의하다, 열람하다 / **message** n. m. 전갈, 메시지 / **vocal(e)** a. 발성의, 음성의, 목소리의

---

sonner
★★

v. (종, 나팔, 시계, 핸드폰 따위가) 울리다

Ce matin, le réveil n'a pas sonné parce que l'appareil était éteint.
오늘 아침엔 알람이 울리지 않았다, 기계(핸드폰)가 꺼져 있었기 때문이다.

▸ **réveil** n. m. 알람 / **éteint(e)** a. 꺼진 / **appareil** n. m. 기계, 기구, 전화기

---

répertoire
★

n. m. 목록, 일람표, 총람

Vous avez accès au répertoire téléphonique de cette entreprise.
여러분은 이 회사의 전화번호부에 접속이 가능합니다.

▸ **avoir accès à qc** ~에 접근하다, (지위를) 획득할 가능성이 있다 /
téléphonique a. 전화의, 전화에 의한

---

décrocher
★★★

ant. raccrocher
v. (수화기를) 내려놓다

v. (수화기를) 들다

J'ai essayé de l'appeler 10 fois mais elle ne décroche pas.
나는 열 번이나 그녀와 전화 통화를 시도했지만 그녀는 받지 않는다.

---

quitter
★★

v. 끊다

Ne quittez pas, je vais chercher de quoi noter.
끊지 마세요. 메모할 것 좀 찾을게요.

▸ **noter** v. 메모하다

---

coordonnées
★★

n. f. pl. 연락처, 좌표

Je vous donne mes coordonnées.
제가 당신에게 제 연락처를 드릴게요.

▸ **donner** v. 주다

★★★
correspondant (e)

a. 일치하는, 통신하는, 연락하는 n. 전화 상대, 서신 교환자, 특파원

Votre correspondant ne peut être joint pour le moment.

현재 수신인과 연결할 수 없습니다.

▸ **joint(e)** a. 연결된, 결합된 / **pour le moment** 지금으로서는, 당장은

★★
joindre

v. 연결하다, 만나다, 접촉하다

Vous pouvez me joindre au 06 12 34 56 78.

06 12 34 56 78로 저에게 연락하실 수 있습니다.

Tip 전화번호 앞에는 정관사 le를 쓰며, 위의 예문에서는 'à+le'가 au로 된 형태이다.

★
chargeur

n. m. 충전기

Débranche le chargeur du smartphone.

스마트폰 충전기를 콘센트에서 뽑아.

▸ **débrancher** v. 접속을 끊다, 전원을 차단하다

★
communiquer

v. 대화하다, 알리다, 통지하다, 함께 나누다

Je n'arrive plus à communiquer avec ma fille.

나는 이제 내 딸과 말이 통하지 않는다.

★★
forfait

$♥

n. m. 세트 요금, 할인권, 요금제

Il existe des forfaits vraiment pas chers grâce à la concurrence des opérateurs mobiles.

통신 회사들의 경쟁 덕분에 정말로 저렴한 요금제들이 존재한다.

▸ **concurrence** n. f. 경쟁, 경합 / **opérateur** n. m. (기계의) 조작자, 인터넷·전화 통신 회사

★★★
tactile

a. 촉각의, 터치식의

L'écran tactile de mon smartphone ne fonctionne plus.
내 스마트폰의 터치스크린이 더 이상 작동하지 않는다.

> **écran** n. m. 화면, 스크린 / **fonctionner** v. 작동하다

★★
transmettre

v. 전하다, 전달하다

Elle m'a demandé de vous transmettre ce message de remerciement.
그녀가 당신에게 감사의 메시지를 전해 달라고 나에게 부탁했어요.

> **remerciement** n. m. 감사, 사례, 감사의 말

★
nouvelle

n. f. 소식, 소문, 근황

J'ai une très bonne nouvelle pour toi.
너에게 아주 좋은 소식이 하나 있어.

Je n'ai pas eu de ses nouvelles depuis longtemps.
나는 오래전부터 그의 소식을 듣지 못했어.

★★★
réconcilier

v. 화해시키다 (se réconcilier v. 서로 화해하다, ~와(과) 화해하다)

Ma fille m'a réconcilié avec mon père.
나의 딸이 아버지와 나를 화해하게 했다.

Tu t'es réconcilié avec ta sœur ?
너 너의 누나와 화해했니?

★ échanger

v. 교환하다, 맞바꾸다

Les participants élaborent des concepts en échangeant des idées.

참가자들은 아이디어를 교환하면서 콘셉트를 만든다.

▸ **participant(e)** a. 참가하는, 협력하는 n. 참가자, 협력자 / **élaborer** v. 심사숙고하여 구상하다, 공들여 만들다 / **concept** n. m. 개념, 콘셉트

★★ discuter

v. 논의하다, 토론하다

On en discutera plus tard.

그것에 대해서는 나중에 이야기하자.

★★★ énoncer

v. 진술하다, 서술하다, 표현하다

Elle a énoncé les faits de manière juridique.

그녀는 법적인 방식으로 사실들을 진술했다.

▸ **juridique** a. 법적인

> **Tip** 'de manière + 형용사'는 '~한 방식으로'라는 의미이다.

★ informer

v. 알려 주다, 통지하다

Je vous informe que je serai absent de mon poste du 13 au 17 mai 2018 pour cause de maladie.

질병으로 인해 2018년 5월 13일부터 1/일까지 결근하게 될 것을 알려 드립니다.

hésiter
★★

v. 망설이다, 주저하다

N'hésitez pas à me solliciter si vous avez besoin de quelque chose.

만약 무언가 필요하시면 망설이지 말고 제게 요청하세요.

▸ **solliciter** v. 요청하다, 간청하다, 청원하다

raconter
★

v. 이야기하다

Maman, raconte-nous une histoire drôle !

엄마, 저희에게 재밌는 얘기해 주세요!

▸ **drôle** a. 우스운, 재미있는, 이상한

exprimer
★★

v. 표현하다, 표시하다, 나타내다

Exprimer sa pensée en public n'est pas une chose simple.

사람들 앞에서 자신의 생각을 표현하는 것은 단순한 일이 아니다.

🎯 vocabulaire du téléphone portable   n. m. 핸드폰 어휘

carte SIM	n. f. 심 카드
carte mémoire	n. f. 메모리 카드
sonnerie	n. f. 전화벨
allumer	v. 켜다
éteindre	v. 끄다
mode avion	n. m. 비행기 모드
mode silencieux	n. m. 무음 모드
coup de fil	n. m. (구어) 전화, 통화
coque	n. f. 껍질, 핸드폰 케이스
kit mains-libres	n. m. 핸즈프리 세트
écouteurs	n. m. pl. 이어폰
casque	n. m. 헤드폰
protection d'écran	n. f. 액정 보호 장비(유리, 필름 등)
batterie	n. f. 배터리
chargeur	n. m. 충전기
touche d'appel	n. f. 통화 버튼
touche de fin d'appel	n. f. 통화 종료 버튼
stylet	n. m. 태블릿 펜
messagerie	n. f. 메시지함
boîte vocale	n. f. 음성 사서함

연습문제

1 프랑스어 단어를 보고 적합한 의미를 찾아 선으로 연결해 보세요.

communication •   • 소식, 소문

nouvelle •   • 의사소통, 연락

coordonnées •   • (수화기를) 들다

décrocher •   • 연락처, 좌표

2 주어진 문장을 보고 빈칸에 알맞은 프랑스어 단어를 보기에서 골라 적어 보세요.

보기	appels	part	vibreur	raconte

Jour 7

1 C'est de la _____ de qui ?
(전화로) 누구시죠?

2 Maman, _____ -nous une histoire drôle !
엄마, 저희에게 재밌는 얘기해 주세요!

3 Mettez votre téléphone en mode _____ .
전화기를 진동 모드로 해 놓으세요.

4 Vérifie la liste des _____ de ton portable.
너 핸드폰 통화 목록을 확인해 봐.

3 주어진 우리말 단어를 보고 프랑스어로 적어 보세요.

1 번호 _____

2 화해시키다 _____

3 휴대폰 _____

4 논의하다, 토론하다 _____

정답

1 communication - 의사소통, 연락, nouvelle - 소식, 소문, coordonnées - 연락처, 좌표, décrocher - (수화기를) 들다

2 ① part ② raconte ③ vibreur ④ appels

3 ① numéro ② réconcilier ③ portable ④ discuter

◁》 08

🏠 미디어, 인터넷

💬
**한때 게임 중독
이었어요**

요즘은 집에서도 일터에서도 모두 **ordinateur** 컴퓨터와 함께예요. 컴퓨터가 없을 땐 핸드폰으로 **Internet** 인터넷을 사용하고요. 친구들이 **réseau social** 소셜 네트워크에 재밌는 사진을 **poster** 올리지 않았는지, 누가 내 사진에 댓글을 **mettre** 달지 않았는지도 수시로 확인해요. 제 친구들 중에는 학교가 끝나면 몇 시간씩 **jouer** 게임을 하는 애들도 있어요. 전 예전에 게임 **addiction** 중독 수준이었기 때문에, PC방 가는 건 간신히 자제하고 있답니다.

★
ordinateur

n. m. 컴퓨터

Éteignez l'ordinateur après chaque utilisation.
매 사용 후에는 컴퓨터를 꺼 주세요.

▶ **éteindre** v. 끄다 / **utilisation** n. f. 사용, 이용

★
sur

(매체) ~에(서), ~을(를) 통해

Je regarde une vidéo sur Youtube.
나는 유튜브에서 영상 한 편을 본다.

★★★
informatique

a. 정보 과학의, 정보 처리의 n. f. 정보 과학, 정보 처리 기술

Le métier d'ingénieur en informatique est devenu un pôle stratégique des entreprises, en plus c'est bien payé.
컴퓨터 엔지니어 직업은 회사들의 전략상 중심점이 되었고, 급여도 좋은 편이다.

▶ **pôle** n. m. 중심 / **stratégique** a. 전략의, 전략상 중요한

informaticien (ne)
★★

ant. ... (n/a)

n. 컴퓨터학자, 정보 처리 기술자

Il y a trois différents types d'informaticiens, et mon mari est celui qui s'occupe du système informatique.

정보 처리 기술자는 세 가지 다른 유형이 있는데 내 남편은 정보 처리 시스템을 맡는 사람이다.

▸ **s'occuper de** ~을(를) 맡다

se connecter
★★

ant. se déconnecter
v. 로그아웃하다

v. 접속하다

Pour vous connecter, veuillez entrer votre identifiant et votre mot de passe.

접속하시려면 아이디와 비밀번호를 입력하세요.

▸ **entrer** v. 들어가다, 넣다, 들이다 / **identifiant** n. m. 아이디 / **mot de passe** n. m. 비밀번호

connexion Internet
★

n. f. 인터넷 접속, 인터넷 연결

En Corée du Sud, vous pouvez bénéficier de la connexion Internet la plus rapide au monde même dans le métro.

한국에서, 당신은 지하철에서도 세계에서 가장 빠른 인터넷 연결을 누릴 수 있습니다.

▸ **bénéficier** v. 득을 보다, 혜택을 입다

allumé(e)
★

a. 켜진

Mon père n'aime pas que je laisse l'ordinateur allumé.

나의 아버지는 내가 컴퓨터를 켜 두는 것을 좋아하지 않는다.

▸ **laisser** v. 두다

message
★

n. m. 메시지

On s'envoie des messages par une application.

우리는 애플리케이션을 통해 서로 메시지를 보낸다.

▸ **s'envoyer** v. 보내지다, 서로 보내다

★ marcher

v. 걷다, 작동하다

Mon clavier ne marche pas très bien.
내 키보드가 잘 작동하지 않는다.

▸ **clavier** n. m. 키보드

★ site Internet

n. m. 인터넷 사이트

Pouvez-vous me donner l'adresse de votre site
Internet ?
저에게 당신의 인터넷 사이트 주소를 알려 주실 수 있나요?

★★★ piratage

n. m. 해적 행위, 불법 복제

Il y a des associations de lutte contre le piratage,
mais cela ne sert pas à grand-chose.
불법 복제에 반대하는 협회들이 있지만, 크게 쓸모가 없다.

▸ **servir à** ~에 쓸모 있다, 소용되다

★★★ fraude informatique

n. f. 해킹, 컴퓨터 범죄

La fraude informatique est beaucoup plus
dangereuse que vous ne le pensez. Le fraudeur
peut contrôler votre ordinateur à distance et
accéder à toutes vos informations personnelles.
해킹은 여러분이 생각하는 것보다 훨씬 더 위험합니다. 해커는 당신의 컴퓨터
를 원격으로 조종할 수 있고 당신의 모든 개인 정보에 접근할 수 있습니다.

▸ **fraudeur(se)** a. 불법(부정) 행위를 하는 n. 불법(부정) 행위를 하는 (사람) /
à distance 원격으로 / **accéder** v. 이르다, 접근하다

★ courrier électronique

n. m. 전자 우편

E-mail est un mot anglais qui signifie un courrier
électronique.
이메일은 전자 우편을 뜻하는 영어 단어이다.

▸ **signifier** v. 의미하다

Tip 영문 'email [imél]'을 그대로 사용하는 경우도 많다.

★★ réseau social

n. m. 사회 연결망, 소셜 네트워크

Je passe des heures à regarder les photos et les vidéos de mes amis sur les réseaux sociaux.

나는 소셜 네트워크에서 친구들의 사진과 영상들을 보면서 많은 시간을 보낸다.

★ fichier

n. m. 파일

Je t'envoie un fichier en pièce-jointe.

내가 너에게 파일 하나 첨부해서 보낼게.

▸ **en pièce-jointe** 첨부하여

★ lien

n. m. 링크, 끈, 줄, 관계

J'ai lu un article trop drôle, voici le lien vers la page.

나 너무 웃긴 기사를 하나 읽었어, 여기 해당 페이지 링크야.

▸ **drôle** a. 웃긴 / **page** n. f. 페이지

★ s'informer

v. 알아보다, 조회하다, 정보를 얻다

Presque tout le monde s'informe sur Internet, on consomme de moins en moins les journaux en papier.

거의 모든 사람들이 인터넷에서 정보를 얻고, 종이 신문의 소비는 점점 줄어들고 있다.

▸ **consommer** v. 소비하다 / **de moins en moins** 점점 덜

★ publier

v. 발행하다, 발표하다, 게재하다

Cet article a été publié sur son blog.

이 기사는 그의 블로그에 게재되었다.

▸ **article** n. m. 기사, 논문, 조항

touche

★

n. f. (키보드의) 키, 버튼, 단추, (피아노의) 건반

Quelques touches de mon clavier ne fonctionnent plus.

내 키보드의 몇몇 자판이 더 이상 작동하지 않는다.

▸ **fonctionner** v. 작동하다

clé USB

★

n. f. USB 플래시 드라이브

Dans l'entreprise, nous ne pouvons pas utiliser de clés USB non approuvées.

회사 내에서 우리는 승인받지 않은 USB를 사용할 수 없다.

▸ **approuvé(e)** a. 승인받은

partager

★

v. 공유하다

Partagez si vous avez aimé ma vidéo.

만약 제 비디오가 마음에 드셨다면 공유해 주세요.

abonner

★

v. (~을(를) 위해) 가입 신청을 해 주다 (s'abonner v. 구독하다, 가입 신청을 하다)

J'ai abonné mes parents à un forfait à 20 euros.

나는 나의 부모님을 위해 20유로짜리 요금제에 가입 신청을 해 드렸다.

Abonnez-vous à ma chaîne Youtube !

제 유튜브 채널을 구독해 주세요!

▸ **chaîne** n. f. 채널

panne

★

n. f. 고장

Mon ordinateur portable est en panne.

내 노트북이 고장 났어.

▸ **portable** a. 휴대용의 / **être en panne** 고장 나다

★
technologie

n. f. 기술

Vous pensez que le développement de nouvelles technologies augmente le chômage ?

당신은 새로운 기술의 발전이 실업을 증가시킨다고 생각하세요?

▸ **augmenter** v. 증가시키다

★
jouer

v. (게임을) 하다, 플레이하다

Pendant mon trajet en métro pour aller au travail je joue sur mon smartphone.

지하철로 일하러 가는 동안 나는 스마트폰으로 게임을 한다.

▸ **trajet** n. m. 노정, 여정, 코스

★
poster

v. (사진, 비디오, 글을) 포스팅하다, 올리다

C'est une mannequin et elle poste souvent des photos d'elle sur son Instagram.

이 사람은 모델이야, 그녀는 자기 인스타그램에 그녀의 사진을 자주 포스팅해.

★
mettre

v. (사진, 비디오, 글을) 올리다

Quelqu'un a mis un commentaire vraiment impoli sur ma photo, je l'ai tout de suite supprimé et j'ai bloqué cet homme.

누군가 내 사진에 정말 무례한 코멘트를 남겼다, 나는 곧바로 그것을 삭제했고 그 남자를 차단했다.

▸ **quelqu'un** 누군가 / **supprimer** v. 삭제하다 / **tout de suite** 곧바로 / **bloquer** v. 차단하다

> **Tip** mettre 동사는 '(코멘트를) 올리다' 등 poster보다 더 광범위한 경우에 사용 가능하다.

démarrer ★

v. (컴퓨터를) 켜다, (핸드폰을) 켜다, (프로그램을) 작동시키다

Il faut démarrer en mode sécurisé pour régler ce problème.

그 문제를 해결하기 위해서는 안전 모드로 작동시켜야 한다.

▸ **mode sécurisé** n. m. 안전 모드 / **régler** v. 해결하다

télécharger ★

v. 다운로드하다

On peut télécharger tout ce qu'on veut sur Internet.

원하는 것은 전부 인터넷에서 다운받을 수 있다.

en ligne ★

온라인

Fais-moi un signe quand tu seras en ligne.

너 접속하면 나한테 알려 줘.

▸ **faire un signe** 알려 주다

inscription ★

n. f. 가입

L'inscription est obligatoire pour faire du shopping sur ce site.

이 사이트에서 쇼핑하려면 가입은 필수야.

▸ **obligatoire** a. 의무적인, 필수적인

s'inscrire ★★

v. 등록하다, 가입하다

Je me suis déjà inscrit sur le site.

나 그 사이트에 이미 가입했어.

compte

★

n. m. 계좌, 계정

Je dois créer un nouveau compte car je me suis
déjà fait pirater.

나는 새로운 계정을 만들어야 해 왜냐하면 예전에 해킹당했거든.

▶ **se faire pirater** v. 해킹당하다

brancher

★

ant. débrancher
v. 접속을 끊다, 전원을 차단하다

v. (본선, 본관에) 연결(접속)시키다

Branchez correctement le câble sur une prise de
courant.

케이블을 전기 플러그에 제대로 연결하세요.

▶ **câble** n. m. 케이블 / **prise de courant** n. f. 전기 플러그

addiction

★

n. f. 중독, 몰두

Si tu joues plus d'une trentaine d'heures par
semaine, c'est une addiction aux jeux vidéo.

만약 네가 일주일에 30시간 이상 게임을 한다면, 그건 게임 중독이야.

▶ **trentaine** n. f. 30, 약 30

Jour
8

logiciel

★

n. m. 소프트웨어

Comme je viens de formater ton ordinateur, tu
devras installer les logiciels dont tu as besoin.

내가 방금 너의 컴퓨터를 포맷했기 때문에, 너는 필요한 소프트웨어들을
설치해야 할 거야.

▶ **installer** v. 설치하다 / **formater** v. 포맷하다 (syn. initialiser 초기화
하다)

🎯 ordinateur n. m. 컴퓨터

ordinateur portable	n. m. 노트북	page Web	n. f. 웹 페이지
écran	n. m. 화면, 스크린	serveur	n. m. 서버
clavier	n. m. 키보드	pièce jointe	n. f. 첨부 파일
touche	n. f. (컴퓨터의) 키, 버튼, (키보드) 자판	base de données	n. f. 데이터베이스
souris	n. f. 마우스	copier	v. 복사하다
imprimante	n. f. 프린터	coller	v. 붙여넣다
imprimer	v. 프린트하다	afficher	v. (창을) 열다, 게시하다
scanner	n. m. 스캐너 v. 스캔하다	ouvrir	v. (창을) 열다
disque dur	n. m. 하드 디스크	fermer	v. (창을) 닫다
fenêtre	n. f. 창	cliquer	v. 클릭하다
menu	n. m. 메뉴	taper	v. (자판을 쳐서) 쓰다
icône	n. m. 아이콘	sauvegarder	v. 저장하다
curseur	n. m. 커서	annuler	v. 취소하다
dossier	n. m. 폴더		

연습문제

1 프랑스어 단어를 보고 적합한 의미를 찾아 선으로 연결해 보세요.

démarrer •   • 다운로드하다

addiction •   • 중독, 몰두

piratage •   • (컴퓨터, 프로그램 등을) 켜다, 작동시키다

télécharger •   • 해적 행위, 불법 복제

2 주어진 문장을 보고 빈칸에 알맞은 프랑스어 단어를 보기에서 골라 적어 보세요.

> **보기**   en ligne   télécharger   réseaux sociaux   Éteignez

1 On peut _____ tout ce qu'on veut sur Internet.
원하는 것은 전부 인터넷에서 다운받을 수 있다.

2 Fais-moi un signe quand tu seras _____.
너 접속하면 나한테 알려 줘.

3 _____ l'ordinateur après chaque utilisation.
매 사용 후에는 컴퓨터를 꺼 주세요.

4 Je passe des heures sur les _____.
나는 소셜 네트워크에서 많은 시간을 보낸다.

3 주어진 우리말 단어를 보고 프랑스어로 적어 보세요.

1 파일   _____

2 소프트웨어   _____

3 정보 처리 기술자   _____

4 접속하다   _____

정답

1 démarrer - (컴퓨터, 프로그램 등을) 켜다, 작동시키다, addiction - 중독, 몰두, piratage - 해적 행위, 불법 복제, télécharger - 다운로드하다

2 ① télécharger ② en ligne ③ Éteignez ④ réseaux sociaux

3 ① fichier ② logiciel ③ informaticien(ne) ④ se connecter

Chapitre
3

건강이
최고예요

🔊 09

🏛 외모, 신체 동작

💬 **건강하면 됐죠**

apparence 외모도 경쟁력이라더니, 다들 physique 신체를 가꾸느라 열심이네요. 부드러운 peau 피부에 늘씬한 ligne 몸매 유지가 대단한 숙제라도 되는 건지... chirurgie esthétique 성형 수술을 받아서라도 beau 아름다운 visage 얼굴을 가지려는 사람들이 있지만, 저는 각자 개성이 더 중요하다고 생각해요! 부모님을 ressembler 닮아 frisé 곱슬거리는 cheveux 머리에 키는 좀 작아도, marcher 걷고 courir 뛰는 데 문제없는 제 corps 몸에 만족해요.

★
apparence

n. f. 외관, 외모

On a tendance à juger les gens sur leur apparence.

우리는 외모로 사람을 평가하는 경향이 있다.

▶ **avoir tendance à + 동사 원형** ~하는 성향(경향)이 있다 / **tendance** n. f. 성향, 경향, 추세 / **juger** v. 재판하다, 판단하다, 평가하다

★
beau

a. 아름다운, 잘생긴

Quel beau couple !

어찌나 아름다운 커플인지!

▶ **couple** n. m. 부부, 남녀 한 쌍

> **Tip** 단수 beau (남성) - belle (여성) / 복수 beaux (남성) - belles (여성) 형태까지 알아두자.

---

physique

a. 신체적인, 육체적인 n. m. 육체, 용모, 체격

Vous devez pratiquer une activité physique pour vivre sainement.
건강하게 살기 위해서는 운동을 해야 합니다.

▸ **sainement** ad. 건강하게

Tip physique는 여성 명사로 '물리학'을 의미하기도 한다.

Ce n'est pas le physique qui compte.
가장 중요한 건 외모가 아니야.

▸ **compter** v. 셈에 넣다, 고려하다

Tip apparence는 겉으로 보이는 외관 전반을, physique는 육체나 체격과 같은 외모를 나타낸다.

visage

n. m. 얼굴, 낯

J'ai un visage carré.
나는 각진 얼굴형을 가졌다.

▸ **carré(e)** a. 네모난, 정사각형의, 각이 진

Jour 9

corps

n. m. 몸, 신체, 육체

Je ressens des douleurs dans certaines parties du corps.
저는 몇몇 신체 부위에 고통을 느껴요.

▸ **ressentir** v. 느끼다 / **douleur** n. f. 고통 / **partie** n. f. 부분, 일부, 분야

ligne

n. f. 선, (사물의) 윤곽, 몸매

Comment est-ce possible de garder la ligne, sans faire le moindre effort ?
조금의 노력도 하지 않고 어떻게 몸매를 유지하는 게 가능한가요?

▸ **garder** v. 돌보다, 유지하다, 간직하다 / **moindre** a. 더 작은, 더 적은 / **effort** n. m. 노력, 수고

Tip '정관사+moindre'는 최상급 형태로 '가장 적은', '최소한의'의 의미를 가진다.

★
cheveu

n. m. 머리카락

Je me suis fait couper les cheveux.
나 머리 잘랐어.

▸ **couper** v. 자르다

> **Tip** 자기가 직접 자른 경우 se couper 동사를 쓰지만, 미용실에서 머리를 자르거나 타인
> 이 잘라 준 경우 se faire couper 형태로 표현한다. (faire+동사 원형: ~하게 하다)
> 또한, 모발 한 가닥은 단수형 cheveu를 사용한다.

★
brun(e)

a. (머리가) 갈색의, 거무스름한 n. m. 갈색

Il est brun et elle est châtain.
그는 어두운 갈색 머리고, 그녀는 밝은 갈색 머리다.

▸ **châtain(e)** a. 밤색의, 밤색

> **Tip** brun은 검정색에 가까운 어두운 갈색을 의미한다. 'brun clair 밝은 갈색'이 'châtain
> 밤색'과 유사한 색상이다. châtain은 주어가 여성일 때도 남성형을 주로 사용한다.

★
frisé(e)

a. (머리카락이) 곱슬곱슬한

Mes cheveux sont très frisés mais ma sœur a
les cheveux raides.
내 머리카락은 아주 곱슬곱슬한데 나의 여동생은 생머리를 가졌어.

▸ **raide** a. 직선으로 뻗어 나가는, 뻣뻣한, 팽팽한

★
barbe

n. f. (턱, 뺨, 입의) 수염

Pour avoir une belle moustache, il faut d'abord
se faire pousser la barbe.
아름다운 콧수염을 갖기 위해서는 먼저 턱, 뺨 등의 수염을 길러야 한다.

▸ **moustache** n. f. 콧수염 / **pousser** v. 밀다, 누르다, 자라다

★
jeune
ant. vieux (vieille)
a. 늙은 n. 노인, 늙은이

a. 젊은, 어린 n. 젊은이, 젊은 사람

Il fait plus jeune que son âge.
그는 그의 나이보다 젊어 보인다.

★
ressembler

v. ~을(를) 닮다, ~와(과) 비슷하다

Il ressemble à son père.
그는 그의 아버지를 닮았다.

★
peau

n. f. (사람의) 피부, 살갗

Si vous avez la peau sèche, je vous conseille cette crème hydratante.
만약 건성 피부시면, 이 수분 크림을 추천해요.

▶ **sec (sèche)** a. 건조한 / **conseiller** v. 권하다, 충고(조언)하다 /
hydratant(e) a. 수분을 주는

★
œil

n. m. 눈

J'ai quelque chose dans l'œil.
나 (한쪽) 눈에 뭐가 들어갔어.

> **Tip** 눈(眼)은 단수일 때와 복수일 때의 형태가 다르다.
> œil [œj] - 단수형 / yeux [jø] - 복수형
> ⑩ **Tu as les yeux rouges.** 너 (양쪽) 눈이 빨개.
> rouge a. 빨간색의, 붉은색의 n. m. 붉은색

★
muscié(e)

a. 근육이 발달한

J'ai envie d'avoir des bras légèrement musclés.
나는 근육이 약간 붙은 팔을 갖고 싶어.

▶ **bras** n. m. 팔 / **légèrement** ad. 가볍게, 경미하게, 약간

★
mesurer

v. (길이, 면적, 부피 등을) 재다, 측정하다

Tu mesures combien ?
너 키가 몇이야?

★
peser

v. (무게를) 달다, 계량하다

Je pèse 52 kilos pour 1 mètre 66.
나는 166센티에 52킬로이다.

▸ **mètre** n. m. 미터

★
ventre

n. m. 배, 복부

Il a pris du ventre.
그는 배에 살이 쪘다.

★
esthétique

a. 미에 관한, 미용의 n. f. 미학, 미

Cette actrice n'a jamais eu recours à la chirurgie esthétique.
이 여배우는 결코 성형 수술을 한 적이 없어.

▸ **avoir recours à qc** ~의 수단을 동원하다

★★
handicap

n. m. 불리한 조건, (신체적, 정신적) 장애

Quand vous êtes avec une personne ayant un handicap visuel, vous devez proposer votre aide, pas l'imposer.
시각 장애를 가진 사람과 있을 때, (당신은) 도움을 강요하지 않고 제안해야 한다.

▸ **visuel(le)** a. 시각의 / **proposer** v. 제안하다 / **imposer** v. 부과하다, 강요하다, 받아들이게 하다

déficient(e)
★★★

a. 불완전한, 결함이 있는 n. 장애인

Ces enfants sont déficients auditifs depuis leur naissance.

이 아이들은 태어났을 때부터 청각 장애를 갖고 있다.

▸ **auditif(ve)** a. 귀의, 청각의 / **naissance** n. f. 출생, 탄생

> **Tip** 'handicapé(e) a. (신체적, 정신적) 장애가 있는 n. 장애인'도 명사와 형용사로 모두 많이 사용되지만, 비하 표현처럼 사용되는 경우도 일부 있어 주의해야 한다. 'personne en situation de handicap 불리한 조건의, 장애를 가진 사람'으로 표현하기도 한다.

bouger
★

v. 움직이다

Ne bouge pas sinon je tire.

움직이지 마, 그렇지 않으면 쏜다.

▸ **sinon** 그렇지 않으면 / **tirer** v. (팽팽하게) 잡아당기다, (총, 화살을) 쏘다

mouvement
★★

n. m. 움직임

Le moindre mouvement peut aggraver l'état des blessés.

최소한의 움직임도 부상자의 상태를 악화시킬 수 있다.

▸ **aggraver** v. 악화시키다 / **blessé(e)** a. 상처 입은, 부상당한 n. 부상자

danser
★

v. 춤추다

Vous allez danser en boîte ?

클럽에 춤추러 가실 건가요?

▸ **boîte (de nuit)** n. f. (나이트)클럽

s'asseoir
★★

v. 앉다

Asseyez-vous.

앉으세요.

debout
★

a. 서 있는 ad. (사람이) 서 있는 상태로, (사물이) 세워진 상태로

Je préfère rester debout.
저는 서 있는 게 편합니다.

> **Tip** debout는 일반적인 형용사와 달리 성, 수를 일치시키지 않고 불변 형태로 쓰인다.
> ◉ Elles sont debout. 그녀들은 서 있다.

genou
★★

n. m. 무릎

Il s'est mis à genoux pour prier.
그는 기도하기 위해 무릎을 꿇었다.

> **se mettre** v. (어떤 자세를) 하다 / **prier** v. 기도하다

marcher
★

v. 걷다, 걸어가다

Pendant les vacances d'été, on marchait pieds nus sur la plage.
여름 휴가 때 우리는 해변에서 맨발로 걷곤 했어.

> **été** n. m. 여름 / **nu(e)** a. 벌거벗은, 나체의, 노출된 / **plage** n. f. 해변

courir
★

v. 뛰다, 달리다

Mon grand père a couru le marathon à 92 ans.
나의 할아버지는 92세에 마라톤을 뛰었다.

> **marathon** n. m. 마라톤

s'allonger
★

v. 몸을 쭉 펴고 눕다

Allongez-vous sur le ventre, s'il vous plaît.
엎드려서 누워 주세요.

respirer
★

v. 숨 쉬다, 호흡하다, 한숨 돌리다

Laissez-moi une minute pour respirer.
1분만 숨 좀 돌리게 해 주세요.

> **laisser** v. 남기다, 내버려 두다, ~인 채로 두다 / **minute** n. f. 분, 잠시, 잠깐

Bonus!
단어

🎯 apparence physique   n. f. 외모

beau (belle)	잘생긴, 아름다운	moche	못생긴
petit(e)	(키가) 작은	grand(e)	(키가) 큰
mince	날씬한, 가느다란	rond(e)	포동포동한, 둥근
maigre	마른	gros(se)	뚱뚱한
mignon(ne)	귀여운	joli(e)	예쁜
laid(e)	못생긴, 추한		

• mince와 maigre 모두 마른 몸매를 표현할 수 있으나, mince가 '날씬한'에 가깝다면 maigre는 '(심하게) 마른'과 같이 다소 부정적인 의미를 담고 있다.

🎯 corps humain   n. m. 신체

tête	n. f. 머리	cou *	n. m. 목
épaule	n. f. 어깨	dos	n. m. 등
bras	n. m. 팔	poignet	n. m. 손목
coude	n. m. 팔꿈치	main	n. f. 손
doigt	n. m. 손가락	ongle	n. m. 손톱
poitrine	n. f. 가슴, 흉부	sein	n. m. 젖가슴, 유방
ventre	n. m. 배, 복부	nombril	n. m. 배꼽
rein	n. m. 허리, 콩팥	hanche	n. f. 둔부
fesse	n. f. 엉덩이	jambe	n. f. 다리
cuisse	n. f. 허벅지	mollet	n. m. 장딴지
pied	n. m. 발	cheville	n. f. 발목
orteil	n. m. 발가락		

Tip

* 'cou n. m. 목'는 목뼈 또는 외관상의 목을, 'gorge n. f. 목, 목구멍, 인후'는 목구멍을 나타내므로, '목이 아프다'고 표현할 땐 구분이 필요하다.
   ⓔ **J'ai mal au cou.** 나는 목(뼈, 근육)이 아프다.
   J'ai mal à la gorge. 나는 목(구멍, 안쪽)이 아프다.

🎯 tête   n. f. 머리

visage	n. m. 얼굴	cheveu	n. m. 머리카락
front	n. m. 이마	œil (pl. yeux)	n. m. 눈(眼)
sourcil	n. m. 눈썹	cil	n. m. 속눈썹
nez	n. m. 코	joue	n. f. 볼
lèvre	n. f. 입술	dent	n. f. 이, 치아
menton	n. m. 턱	langue	n. f. 혀

🎯 organes internes   n. m. 장기

cerveau	n. m. 뇌	cœur	n. m. 심장
foie	n. m. 간	rein	n. m. 콩팥, 신장
poumon	n. m. 폐	pancréas	n. m. 췌장
intestin	n. m. 장, 창자	estomac	n. m. 위

연습문제

1 프랑스어 단어를 보고 적합한 의미를 찾아 선으로 연결해 보세요.

déficient(e) •   • 몸, 신체

corps •   • 불완전한, 결함이 있는

debout •   • 움직이다

bouger •   • 서 있는

2 주어진 문장을 보고 빈칸에 알맞은 프랑스어 단어를 보기에서 골라 적어 보세요.

> **보기** mesures   apparence   œil   Allongez-vous

1 _____ sur le ventre, s'il vous plaît.
엎드려서 누워 주세요.

2 Tu _____ combien ?
너 키가 몇이야?

3 J'ai quelque chose dans l'_____.
나 눈에 뭐가 들어갔어. (한쪽 눈일 때)

4 On a tendance à juger les gens sur leur _____.
우리는 외모로 사람을 평가하는 경향이 있다.

Jour 9

3 주어진 우리말 단어를 보고 프랑스어로 적어 보세요.

1 얼굴 _____

2 미에 관한, 미용의 _____

3 장애 _____

4 숨 쉬다 _____

정답

1 déficient(e) - 불완전한, 결함이 있는, corps - 몸, 신체, debout - 서 있는, bouger - 움직이다

2 ① Allongez-vous ② mesures ③ œil ④ apparence

3 ① visage ② esthétique ③ handicap ④ respirer

Jour 10

🔊 10

🏛 **약국, 병원**

💬
**환절기
감기 조심**

몸이 **fragile** 허약한 제 동생은 환절기만 되면 감기를 달고 살아요. 날씨가 조금 추워지자마자 **tousser** 기침을 하기 시작했죠. 심각한 **symptôme** 증상이 아니면 **pharmacie** 약국에서 **ordonnance** 처방전 없이 구매하는 **médicament** 약을 사다 줘요. 어릴 때 큰 **hôpital** 병원에서 **se faire opérer** 수술을 받은 기억 때문에, 병원 가는 걸 좋아하지 않거든요. 동생이 아프면 옆에서 **soigner** 돌봐야 하는 건 제 몫이에요. 그래도 큰 **maladie** 병 없이 **santé** 건강하게 있어 주니 다행이지요.

★
santé

n. f. 건강, 건강 상태

Afin d'être en bonne santé, tu dois savoir comment gérer ton stress.
건강하기 위해서, 너는 스트레스를 어떻게 관리하는지 알아야 해.

▸ **gérer** v. 관리하다

★
malade

a. 아픈, 병든 n. 병자, 환자

Il tombe malade à chaque changement de saison.
계절이 바뀔 때마다 그는 병에 걸린다.

▸ **changement** n. m. 변화, 교대 / **saison** n. f. 계절, 시기

★
mine

n. f. 안색, 낯

Tu as mauvaise mine, qu'est-ce qu'il y a ?
너 안색이 안 좋네, 무슨 일이야?

▸ **mauvais(e)** a. 나쁜

★★
attraper

v. 잡다, 붙잡다, (병 따위에) 걸리다

J'attrape souvent un rhume au début de l'automne.
나는 초가을에 자주 감기에 걸렸다.

▸ **rhume** n. m. 감기 / **automne** n. m. 가을

hôpital

n. m. 병원, 진료소

Julie a petit à petit repris des forces, puis elle est sortie de l'hôpital le mois dernier.

줄리는 조금씩 기력을 되찾았고, 지난달에 병원에서 나왔다.

▸ **force** n. f. 힘, 체력 / **petit à petit** 조금씩

> **Tip** 감기에 걸리거나 간단한 검진을 받을 땐 작은 규모의 병원에 가는데, 'aller chez le médecin 병원에 가다', 'Je vais voir mon médecin. 나는 의사를 보러 간다.'라고 말한다. hôpital은 대형 병원을 의미한다.

dentiste

n. 치과 의사

Les enfants détestent aller chez le dentiste.

아이들은 치과에 가는 걸 싫어한다.

médecin

n. 의사, 내과 의사

Mon médecin traitant m'a conseillé d'arrêter de fumer.

내 주치의는 담배 끊기를 권했다.

▸ **traitant(e)** a. (의사가) 계속적으로 치료하는 / **fumer** v. 연기가 나다, (담배를) 피우다

douleur

n. f. (육체적, 정신적) 고통, 아픔, 괴로움

En cas de douleur sévère, prenez un antalgique.

극심한 고통의 경우 진통제를 하나 복용하세요.

▸ **en cas de** ~의 경우에 / **antalgique** a. 고통을 완화시키는, 진통의 n. m. 진통제

mal(e)

a. 나쁜 ad. 나쁘게 n. m. 악(惡), 곤란, 고통

Je me suis cogné la tête tout à l'heure. Ça fait très mal.

나 방금 머리 부딪혔어. 이거 진짜 아프네.

▸ **se cogner** v. 자신의 ~을(를) 부딪히다 / **faire mal** 고통을 주다, 아프게 하다

★ cabinet

n. m. 사무실, 진찰실, 집무실

Allô. Cabinet du docteur Vasseur, bonjour.
여보세요. 바쐬흐 박사의 진찰실입니다, 안녕하세요.

★ soin

n. m. 마음 쓰기, 관심 pl. 보살핌, 돌보기, 치료, 진료

Prends soin de toi.
건강 조심해. (몸조리 잘해.)

▸ **prendre soin de + qn / qc** ~을(를) 돌보다

★ maladie

n. f. 병, 질환

Vous aurez besoin d'une assurance en cas de maladies graves.
당신은 중증 질환을 대비하여 보험이 필요할 겁니다.

▸ **assurance** n. f. 보험

★★★ sanitaire

a. 보건의, 위생의 n. m. 위생 시설

Dans le cadre des efforts d'amélioration des infrastructures sanitaires, quelques établissements hospitaliers ont été construits.
보건 시설을 개선하고자 하는 노력의 일환으로 몇몇 의료 시설들이 지어졌다.

▸ **dans le cadre de** ~의 범위 내에서, ~의 일환으로 / **infrastructure** n. f. 토대, (경제, 기술 활동에 필요한) 시설 / **établissement hospitalier** n. m. 의료 시설

★★★ symptôme

n. m. 증후, 증상

Il se plaignait toujours des mêmes symptômes.
그는 항상 같은 증상으로 신음했다.

▸ **se plaindre** v. 신음하다, 불평하다 / **même** a. 같은, ~자신(자체), ~조차

★
vaccin

syn. vaccination

n. m. 백신, 예방 접종

Protégez vos enfants avec un vaccin contre la grippe.

독감 예방 접종으로 당신의 아이들을 보호하세요.

▸ **protéger** v. 보호하다, 지키다 / **grippe** n. f. 유행성 감기

> **Tip** rhume은 일반 감기, grippe는 독감, 유행성 감기를 의미한다.

★
pharmacie

n. f. 약국, 약학

Il y a des pharmacies de garde, les dimanches et jours fériés.

야간 근무, 일요일, 공휴일에도 영업하는 약국이 있다.

▸ **de garde** a. 불침번의 / **jour férié** n. m. 공휴일

★
médicament

n. m. 약, 약제

As-tu pris tes médicaments ?

너 약 복용했니?

★
patient(e)

a. 참을성있는 n. 환자

Certains patients ne se présentent pas à leur rendez-vous médical.

몇몇 환자들이 진료 예약에 오지 않는다.

▸ **se présenter** v. 모습을 나타내다, 출두하다 / **rendez-vous** n. m. 만날 약속 / **médical(e)** a. 의학의, 의사의

★
fragile

a. 허약한, 병약한, (정신적으로) 상처받기 쉬운

Mon petit frère a une santé très fragile.

내 남동생은 아주 허약하다.

opérer ★★

v. 수술하다

Je me suis fait opérer des dents de sagesse.
나는 사랑니 수술을 받았다.

▸ **se faire opérer** 수술을 받다 / **dent de sagesse** n. f. 사랑니

---

traitement ★★

n. m. 치료, 처치, 간호

Le traitement de la carie dentaire peut comprendre l'utilisation d'un dentifrice.
충치 치료는 치약의 사용까지 포함할 수 있다.

▸ **carie dentaire** n. f. 충치 / **dentifrice** n. m. 치약

---

souffrir ★

v. 참다, 견디다, 고통을 느끼다, 아프다

Je souffre d'insomnie.
나는 불면증을 앓고 있다.

▸ **souffrir de** ~을(를) 앓다 / **insomnie** n. f. 불면(증)

---

forme ★★

n. f. (사람의) 심신의 (좋은) 상태, 컨디션

Je suis en pleine forme.
나는 컨디션이 아주 좋다.

▸ **plein(e)** a. 가득 찬, 충만한

---

remède ★★

n. m. 약, 치료(제·법·기구)

Le ginseng est un remède traditionnel en Chine.
인삼은 중국에서 전통적인 약재이다.

▸ **ginseng** n. m. 인삼 / **traditionnel(le)** a. 전통적인, 관례적인

> **Tip** médicament는 공식 기관에서 승인받은 의약품을 뜻하고, remède는 질병을 예방하거나 이겨내는 데 도움이 되는 모든 것을 기리키는 표현으로, 민간요법 등 공식적으로 승인되지 않은 치료법이나 약재까지 포함하는 개념이다.

fauteuil roulant
★★

n. m. 휠체어

Je dois me déplacer en fauteuil roulant pour l'instant.

나는 지금 휠체어로 이동해야만 한다.

> **se déplacer** v. 이동하다

---

consultation
★★★

n. f. 상담, 자문, 의견

Nous proposons des consultations médicales gratuites aux personnes âgées.

우리는 노인들을 위해 무료 의학 상담을 제공합니다.

> **gratuit(e)** a. 무상의, 무료의

---

diagnostic
★★★

n. m. 진단

Selon le diagnostic du docteur, il devrait être hospitalisé pendant deux semaines.

의사의 진단에 따르면, 그는 2주간 입원해야 할 것 같다.

> **hospitaliser** v. 입원시키다

---

cardiaque
★★★

a. 심장의, 심장병의

Une jeune femme de 27 ans est décédée d'une crise cardiaque.

27세의 젊은 여성이 심장 마비로 사망했다.

> **décédé(e)** a. 사망한 / **crise** n. f. (병세의) 급변, 위기

---

tousser
★★

v. 기침하다

Ça fait une semaine que je tousse toute la journée.

나는 일주일째 하루 종일 기침하고 있다.

> **Ça fait+기간+que** ~한 지 ~째다

courbature
★

n. f. (과로로 인한) 근육통, 관절의 통증

J'ai des courbatures partout.
나 온몸이 쑤셔.

> **partout** ad. 사방에, 도처에

---

soigner
★

v. 치료(진료)하다, 돌보다

Un médecin peut-il refuser de soigner un patient ?
의사가 환자 치료하기를 거부할 수 있나요?

> **refuser** v. 거부하다, 거절하다

---

fatigué(e)
★

a. 피곤한

Tu as l'air fatigué.
너 피곤해 보여.

> **avoir l'air** ~해 보인다

---

hygiénique
★★★

a. 위생(학)의, 건강에 좋은

Il n'est pas hygiénique de réutiliser des bouteilles plastiques.
플라스틱병을 재사용하는 것은 위생적이지 않다.

> **réutiliser** v. 재이용(재활용)하다 / **bouteille plastique** n. f. 플라스틱병

---

se rétablir
★

v. 건강을 회복하다, 회복되다

Il s'est totalement rétabli après une longue hospitalisation.
그는 긴 입원 후에 건강을 완전히 회복했다.

> **totalement** ad. 완전히, 전적으로 / **hospitalisation** n. f. 입원

guérir
★

v. 고치다, 치료하다, 낫다, 치유되다

Le sida est une maladie dont on ne guérit pas.
에이즈는 낫지 않는 병이다.

▸ **sida** n. m. 에이즈, 후천 면역 결핍증

fièvre
★

n. f. 열

Vous avez de la fièvre ?
열이 있으신가요?

ordonnance
★★

n. f. (약의) 처방, 처방전

Certains médicaments ne nécessitent pas d'ordonnance.
몇몇 약들은 처방전이 필요하지 않다.

▸ **nécessiter** v. (주어는 사물) 필요하게 하다, 필요로 하다

Bonus! 단어

🎯 métier du secteur médical   n. m. 의료 분야 직업명

médecin	n. 의사	généraliste	n. 일반의
chirurgien(ne)	n. 외과 의사	pédiatre	n. 소아과 의사
psychiatre	n. 정신과 의사	dentiste	n. 치과 의사
infirmier(ère)	n. 간호사	pharmacien(ne)	n. 약사
vétérinaire	n. 수의사		

🎯 à la pharmacie   약국에서

comprimé	n. m. 알약	sirop	n. m. 시럽
pastille pour la gorge	n. f. 목감기용 사탕	pansement	n. m. 반창고
somnifère	n. m. 수면제	anti-douleur	n. m. 진통제
serviette hygiénique	n. f. 생리대	anti-fièvre	n. m. 해열제

🎯 maladie   n. f. 질병

rhume	n. m. 감기	grippe	n. f. 독감
fièvre	n. f. 열	migraine	n. f. (편)두통
insomnie	n. f. 불면증	diarrhée	n. f. 설사
diabète	n. m. 당뇨병	cancer	n. m. 암

연습문제

❶ 프랑스어 단어를 보고 적합한 의미를 찾아 선으로 연결해 보세요.

médicament •   • 피곤한

fatigué(e) •   • 약, 약제

souffrir •   • 보건의

sanitaire •   • 고통을 느끼다, 참다

❷ 주어진 문장을 보고 빈칸에 알맞은 프랑스어 단어를 보기에서 골라 적어 보세요.

> **보기**   douleur   mine   opérer   courbatures

1 Tu as mauvaise _____, qu'est-ce qu'il y a ?
너 안색이 안 좋네, 무슨 일이야?

2 En cas de _____ sévère, prenez un antalgique.
극심한 고통의 경우 진통제를 하나 복용하세요.

3 J'ai des _____ partout.
나 온몸이 쑤셔.

4 Je me suis fait _____ des dents de sagesse.
나는 사랑니 수술을 받았다.

❸ 주어진 우리말 단어를 보고 프랑스어로 적어 보세요.

1 건강 _____

2 허약한 _____

3 증후, 증상 _____

4 (약의) 처방전 _____

....

정답
1 médicament - 약, 약제, fatigué(e) - 피곤한, souffrir - 고통을 느끼다, 참다, sanitaire - 보건의
2 ① mine ② douleur ③ courbatures ④ opérer
3 ① santé ② fragile ③ symptôme ④ ordonnance

Jour
11

🔊 11

🏛️ 운동

💬

**저질 체력
이에요**

예전에 **yoga** 요가를 **faire** 한 적이 있었는데, 그만두자마자 다시 체력이 많이 떨어져서 다른 **sport** 운동을 시작했어요. 최근에는 **match** 경기에서 **joueur** 선수들이 **jouer** 플레이하는 걸 구경만 했지 좀처럼 움직이진 않았거든요. 내친김에 왕년에 **athlète** 육상 선수였던 친구 추천으로 동네 **gymnase** 체육관에 등록했어요. 모두 **sportif** 운동선수라도 된 듯 열심히 **s'entraîner** 훈련하는 모습에 자극 팍팍! 저도 **compétition** 경쟁하는 느낌으로 **musculation** 근력 운동을 시작했답니다.

★
sport

n. m. 운동

Vous pouvez vous inscrire à un sport collectif comme le basketball ou le handball.
농구나 핸드볼처럼 단체로 하는 운동을 등록하실 수도 있어요.

▸ **collectif(ve)** a. 공동의, 단체의 n. m. 집단 n. f. 생산자 조합

★
sportif(ve)

a. 운동의, 운동을 좋아하는 n. 운동가, 스포츠맨

Mes enfants sont sportifs, ils aiment beaucoup aller à la piscine.
내 아이들은 운동을 좋아하는데, 그들은 수영장에 가는 것을 많이 좋아한다.

▸ **piscine** n. f. 수영장

★
faire

v. (동작, 운동 따위를) 하다

Récemment j'ai commencé à faire de la natation.
최근에 나 수영을 시작했어.

▸ **récemment** ad. 최근에

---

vélo

n. m. 자전거

Je vais au travail à vélo.
나는 자전거로 일하러 간다.

jouer

v. (놀이, 게임, 경기를) 하다

Mon frère jouait au basketball dans l'équipe de
son lycée.
나의 오빠는 고등학교 팀에서 농구를 했었다.

> **Tip** faire 동사는 '(운동을) 하다'의 의미로 보다 넓은 범위에 사용이 가능하고, jouer 동사
> 는 2인 이상 '경쟁(플레이)'이 가능한 운동 종목에만 사용한다. 운동명과 결합할 때 전
> 치사 구분에도 유의하자.
> 예 faire de+운동명: Je fais du yoga. 나는 요가를 한다.
> jouer à+운동명: Je joue au golf. 나는 골프를 한다. (golf n. m. 골프)

musculation

n. f. 근육 강화, 근육 강화 운동

Il est possible de faire de la musculation à la
maison avec des haltères.
집에서 아령으로 근력 운동을 하는 것은 가능하다.

▸ **haltère** n. m. 아령

yoga

n. m. 요가

Je te conseille de faire du yoga car il peut se
pratiquer en individuel ou avec un partenaire.
요가를 하는 걸 추천해 왜냐하면 개인으로도 할 수 있고 파트너와 할 수도
있거든.

▸ **se pratiquer** v. 실행(실시)하다 / **en individuel** 혼자서, 개인으로

abdominaux

n. m. pl. 복근 운동

Ça ne sert à rien de faire des abdos tous les
jours pour perdre du ventre.
매일 복근 운동을 하는 것은 뱃살을 빼기 위해 별 쓸모가 없다.

> **Tip** abdominaux를 줄여서 abdos로도 말한다.

athlète
**

n. 육상 선수, 스포츠맨

Certains médicaments qui peuvent provoquer des effets dopants sont interdits aux athlètes.

흥분 효과를 일으킬 수 있는 몇몇 약품은 운동선수들에게 금지되어 있다.

▶ **provoquer** v. 유발하다, (~의) 원인이다 / **dopant(e)** a. 흥분 작용을 하는 / **interdit(e)** a. 금지된

joueur(se)
*

n. 놀이(경기)를 하는 사람, 선수

C'est le joueur de football le plus célèbre de tous les temps.

그는 역사상 가장 유명한 축구 선수이다.

> **Tip** sportif는 스포츠 애호가를 포함하는 개념으로, 시합에 지속적으로 출전하는 운동선수를 나타내는 단어는 athlète이다. (육상 선수의 의미도 가짐.) joueur는 'joueur de foot 축구 선수'부터 'joueur de jeu vidéo 비디오 게임 선수'까지, 경쟁 구도로 'jouer 플레이할' 수 있는 대부분 종목의 선수를 나타낸다.

nageur(se)
*

n. 수영 선수

Il a un bon physique pour être nageur.

그는 수영 선수가 되기에 좋은 체격을 갖고 있다.

match
*

n. m. (스포츠 따위의) 경기, 시합

Tu as vu le match de foot hier ?

너 어제 축구 경기 봤어?

balle
*

n. f. 공, 총알

Essayez de frapper la balle au centre de la batte.

배트의 중심으로 공을 치도록 해 보세요.

▶ **frapper** v. 치다, 때리다, 두드리다 / **batte** n. f. 야구 배트

ballon ★

n. m. 공, 큰 공

Passe-moi le ballon !
공을 나에게 패스해!

> **Tip** 작고 딱딱한 공은 balle, 크고 안에 공기가 들어 있는 공은 ballon이라고 한다. boule
> 은 일반적으로 balle보다 더 무겁고 단단한 것이 특징이다.
>
> ⓔ une balle de golf 골프공 / une balle de tennis 테니스공 / une balle de
> baseball 야구공
> un ballon de football 축구공 / un ballon de basket 농구공 / un ballon
> de rugby 럭비공
> une boule de billard 당구공 / une boule de bowling 볼링공

gardien(ne) de but ★★

n. 골키퍼

Le gardien de but sud-coréen a parfaitement
protégé sa cage.
한국의 골키퍼가 완벽하게 골문을 지켜 냈다.

▸ **cage** n. f. 케이지, 축사, 감옥, 골문

concurrent(e) ★

a. 경쟁하는, 경쟁 상대의 n. (시험, 스포츠, 기업의) 경쟁자

Chaque concurrent s'engage à respecter ce
règlement.
각 경쟁자들은 이 규칙을 준수해야 할 책임이 있습니다.

▸ **s'engager** v. 약속하다, 의무(책임)을 지다 / **règlement** n. m. 규칙,
규정, 내규

endurance ★★★

n. f. 인내력, 참을성, 지구력

Tu pourras courir avec aisance si tu développes
ton endurance.
네가 지구력을 기른다면 편하게 뛸 수 있을 거야.

▸ **avec aisance** 수월하게, 여유있게 / **développer** v. 발달(발전)시키다

★★
tournoi

n. m. 토너먼트, 시합

Elle a participé à son premier tournoi de tennis.
그녀는 그녀의 첫 번째 테니스 시합에 출전했다.

▸ **participer à** ~에 참가하다 / **tennis** n. m. 테니스

★
gymnase

n. m. (실내) 체육관

Je vais au gymnase 5 jours par semaine car je veux maigrir.
나는 날씬해지고 싶어서 일주일에 5일 체육관에 간다.

★★
gymnastique

n. f. 체조, 체육

La gymnastique est un sport qui requiert de la souplesse, de l'équilibre et de la force.
체조는 유연성, 균형 능력, 힘을 필요로 하는 운동이다.

▸ **requérir** v. 요구하다, (주어는 사물) 필요로 하다 / **souplesse** n. f. 유연성 / **équilibre** n. m. 평형, 균형, 밸런스 (잡기, 능력)

★★
entraîneur(se)

n. 코치, 트레이너 n. m. (기계) 발동(운전) 장치

Ayant été victime d'un terrible accident de voiture, le célèbre footballeur est devenu entraîneur.
끔찍한 자동차 사고의 피해자였던 유명 축구 선수는 트레이너가 되었다.

▸ **victime** n. f. 희생자, 피해자 / **célèbre** a. 유명한 / **footballeur(se)** n. 축구 선수

★
s'entraîner

v. 훈련(연습)하다

Je m'entraîne durement pour le marathon.
나는 마라톤을 위해 혹독하게 훈련한다.

▸ **durement** ad. 혹독하게 / **marathon** n. m. 마라톤

battre
★★

v. (기록을) 깨다, 쳐부수다

À 16 ans, il a battu le record du monde du 50 m nage libre.

16살에 그는 50미터 자유형 세계 기록을 깼다.

▸ **record du monde** n. m. 세계 기록 / **nage libre** n. f. 자유형 (수영)

champion(ne)
★

a. 일류의, 우수한 n. 챔피언

Après 7 ans de souffrance, il est finalement devenu le champion du monde.

7년의 고난 끝에 그는 결국 세계 챔피언이 되었다.

▸ **souffrance** n. f. 고통, 괴로움, 번민

disputer
★★★

v. (시험, 시합에) 참가하다, (우승을 놓고) 경쟁하다

Elle s'est rendue à Pékin pour disputer les championnats d'Asie de badminton.

그녀는 아시아 배드민턴 선수권 대회에 참가하기 위해서 베이징에 갔다.

▸ **se rendre** v. (~에) 가다 / **championnat** n. m. 선수권 대회 / **badminton** n. m. 배드민턴

Jeux olympiques
★★

n. m. pl. 올림픽 경기

Les athlètes de l'équipe de Chine ont remporté énormément de médailles aux Jeux olympiques d'été.

중국 팀 선수들은 하계 올림픽 게임에서 엄청난 수의 메달을 획득했다.

▸ **remporter** v. 획득(쟁취)하다, (상을) 타다 / **énormément** ad. 엄청나게, 많이 / **médaille** n. f. 메달, 상패, 표창

> **Tip** une médaille d'or 금메달 / une médaille d'argent 은메달 / une médaille de bronze 동메달

compétition
★

n. f. 경쟁, 운동 경기, 시합

Je suis plus fort en compétition qu'à l'entraînement.

나는 훈련 때보다 시합 때 더 강한 편이야.

▸ **entraînement** n. m. 훈련, 연습

course
★★

n. f. 뛰기, 달리기, 경기, 경주, 레이스

Le tour de France est la plus célèbre course de vélo.
뚜르 드 프랑스는 특히 가장 유명한 자전거 경주이다.

▸ **notamment** ad. 특히 / **célèbre** a. 유명한, 저명한

randonnée
★★

n. f. 긴 나들이, 긴 산책, 하이킹

Il nous a proposé de faire une randonnée dans les Alpes.
그는 우리에게 알프스산 하이킹을 제안했다.

▸ **les Alpes** n. f. pl. 알프스산

terrain
★★

n. m. 필드, 땅, 토지, (각종 활동의) 장소, 터

La taille d'un terrain de football pour les matchs internationaux est définie par les règles du football.
국제 경기용 축구 경기장의 크기는 축구 규정에 의해 규정되어 있다.

▸ **taille** n. f. 자르기, 키, 크기, 규모 / **international(e)** a. 국제적인, n. 국가 대표 선수 / **défini(e)** a. 정의된, 규정된 n. m. 정의된 개념 / **règle** n. f. 규정, 규칙, 규범, 통례

équipe
★★

n. f. (스포츠의) 팀

L'équipe de France a remporté la Coupe du monde 2018.
프랑스 국가 대표 팀이 2018년 월드컵에서 우승했다.

▸ **remporter** v. 획득(쟁취)하다, (성공 따위를) 거두다, (상을) 타다 / **Coupe du monde** n. f. 월드컵

se qualifier
★★★

v. 출전 자격을 얻다

Ils se sont qualifiés dans la douleur pour la finale.
그들은 고통 속에 결승 출전 자격을 얻었다.

▸ **se qualifier pour** (~에) 출전 자격을 얻다

équipement
★★

n. m. 장비, 용구

Un équipement de golf de qualité coûte très cher.

고급 골프 장비는 아주 비싸다.

> **de qualité** 상등의, 고급의

imposer
★★★

**v. 부과하다, 받아들이게 하다 (s'imposer v. (권위, 재능
에 의해) 인정되다, 강한 인상(감동)을 주다, 우승하다)**

La FIFA impose une amende à l'Association
Suisse de Football.

피파는 스위스 축구 협회에 벌금을 부과한다.

> **amende n. f.** 벌금(형)

La Corée du Sud s'est imposée 4-1 face au Japon.

한국은 일본에 맞서 4:1로 우승했다.

> **face à** ~와(과) 마주하여, ~에 직면하여

obstacle
★★

n. m. 장애물

Ce vélo est capable de franchir des obstacles
naturels comme les reliefs montagneux.

이 자전거는 산악 지형의 울퉁불퉁함 같은 자연 장애물들을 통과할 수 있다.

> **capable** a. (~한) 결과가 가능한 / **franchir** v. 뛰어넘다, 건너다, 돌파하다
> / **naturel(le)** a. 자연의, 타고난 n. m. 본성, 기질 / **relief** n. m. 울퉁불퉁
> 함, 요철, 돌출 / **montagneux(se)** a. 산이 많은, 산악의

maillot de bain
★★

n. m. 수영복

Le port d'un maillot et d'un bonnet de bain est
obligatoire.

수영복과 수영모 착용은 의무이다.

> **port** n. m. 착용, 항구, 항만 / **obligatoire** a. 의무인

> **Tip** maillot de foot는 축구 유니폼을 뜻한다.

amateur
★

ant. professionnel(le)
a. 직업의, 전문적인

n. m. 취미로 하는 사람, 아마추어

Il y a une compétition organisée uniquement
pour le niveau amateur.

오로지 아마추어 수준을 위해 기획된 시합이 있다.

> **uniquement** ad. 오로지, 단지 / **niveau** n. m. 정도, 수준

Bonus!
단어

🎯 sport n. m. 운동

football	n. m. 축구	judo	n. m. 유도
basketball	n. m. 농구	équitation	n. f. 승마
baseball	n. m. 야구	jogging	n. m. 조깅
volleyball	n. m. 배구	gymnastique	n. f. 체조
handball	n. m. 핸드볼	surf	n. m. 서핑
golf	n. m. 골프	natation	n. f. 수영
badminton	n. m. 배드민턴	ski	n. m. 스키
bowling	n. m. 볼링	boxe	n. f. 복싱
rugby	n. m. 럭비	escrime	n. f. 펜싱
hockey	n. m. 하키	taekwondo	n. m. 태권도
tennis	n. m. 테니스	patinage	n. m. 스케이트
yoga	n. m. 요가	athlétisme	n. m. 육상 경기

- 영문에서 유래한 운동 종목 이름은 영어에서의 발음을 그대로 하는 경우가 많다.
  예 badminton [badmintɔn] / bowling [bɔliŋ] / baseball [bɛzboːl]

🎯 sportif(ve) n. 운동선수

footballeur(se)	n. 축구 선수	escrimeur(se)	n. 펜싱 선수
basketteur(se)	n. 농구 선수	skieur(se)	n. 스키 선수
volleyeur(se)	n. 배구 선수	athlète	n. 육상 선수
hockeyeur(se)	n. 하키 선수	nageur(se)	n. 수영 선수
handballeur(se)	n. 핸드볼 선수	cycliste	n. 사이클 선수

연습문제

1 프랑스어 단어를 보고 적합한 의미를 찾아 선으로 연결해 보세요.

balle •   • 경쟁자

athlète •   • 공, 총알

concurrent •   • 장비

équipement •   • 육상 선수, 스포츠맨

2 주어진 문장을 보고 빈칸에 알맞은 프랑스어 단어를 보기에서 골라 적어 보세요.

> **보기** randonnée équipe faire tournoi

1 Récemment j'ai commencé à _____ de la natation.
최근에 나 수영을 시작했어.

2 Elle a participé à son premier _____ de tennis.
그녀는 그녀의 첫 번째 테니스 시합에 출전했다.

3 Il nous a proposé de faire une _____ dans les Alpes.
그는 우리에게 알프스산 하이킹을 제안했다.

4 L'_____ de France a remporté la Coupe du monde 2018.
프랑스 국가 대표 팀이 2018년 월드컵에서 우승했다.

3 주어진 우리말 단어를 보고 프랑스어로 적어 보세요.

1 수영복 _____

2 근육 강화 운동 _____

3 체조 _____

4 훈련(연습)하다 _____

정답

1 balle - 공, 총알, athlète - 육상 선수, 스포츠맨, concurrent - 경쟁자, équipement - 장비

2 ① faire ② tournoi ③ randonnée ④ équipe

3 ① maillot de bain ② musculation ③ gymnastique ④ s'entraîner

Chapitre 4

잘 먹고
잘 입고
잘 살기

Jour
12

🔊 12

🏛 의복, 미용

**입을 만한 게
없어요**

옷장은 꽉 찼는데 도무지 입을 **vêtement** 옷은 없다는 게 미스테리예요. 작년에 **porter** 입었던 **robe** 원피스는 **taille** 사이즈가 너무 꼭 **serré** 달라붙고 **mode** 유행도 지났고, 고심해서 고른 옷엔 어울리는 **chaussures** 신발이 없고요. 작년에는 구두를 주로 신다가, 올해는 운동화가 더 **stylé** 스타일리시하게 느껴져서 그 **tendance** 트렌드를 따라가려니 **mettre** 신을 만한 게 없어요. 이러니 **s'habiller** 옷 입는 시간이 한참 걸리죠. **tenue** 옷차림 때문에 지각하지 않으려면, **maquillage** 화장은 패스해야겠네요.

★
vêtement

n. m. 옷

Je n'ai pas assez de vêtements.
나는 충분한 옷이 없다.

★
s'habiller

v. 옷을 입다

Elle s'habille toujours en noir.
그녀는 늘 검정색으로 옷을 입는다.

★★
porter

v. 입다, 착용하다

Je vais porter une jupe en cuir.
나는 가죽 치마를 입을 거야.

▸ **cuir** n. m. 가죽

Tip 소재명 앞에서는 주로 전치사 en을 사용한다.

---

mettre ★★

v. (옷을) 입다, (장신구 따위를) 몸에 걸치다

Il aime bien mettre sa vieille chemise à carreaux
avec une veste à 3 boutons.

그는 낡은 체크무늬 셔츠에 쓰리 버튼 재킷 입는 것을 좋아해.

▸ **chemise** n. f. 셔츠 / **à carreaux** 체크무늬의 / **veste** n. f. 재킷, 웃옷
/ **bouton** n. m. 여드름, 단추, 버튼

> **Tip** s'habiller, porter, mettre의 차이를 알아 두자. porter와 mettre는 뒤에 옷 또는 장
> 신구 이름이 온다. s'habiller 동사는 그 자체로 '옷 입다'의 뜻으로, 직접 목적어와 함께
> 사용하지 않고 부사나 'en+명사' 등 전치사구와 함께 사용한다.
> **예** Ce soir, je m'habille en jean. 오늘 저녁에 나 청바지 입을 거야.
> (청바지로 (차려)입는다)

tenue ★★★

n. f. 옷차림, 옷매무새, (집합적) 복장, 제복, 유니폼

Sa tenue était parfaite pour assister à un mariage.

결혼식에 참석하기에 완벽한 옷차림이었어.

▸ **assister à** ~에 참석하다 / **mariage** n. m. 결혼(식)

stylé(e) ★

a. 스타일리시한, 세련된

Elle est vraiment stylée.

그녀는 정말 스타일리시해.

tee-shirt / T-shirt ★

n. m. 티셔츠

Porte un tee-shirt à rayure, tu auras l'air mince.

줄무늬 티셔츠를 입어 봐, 말라 보일 거야.

▸ **à rayure** 줄무늬의

> **Tip** 티셔츠의 발음은 [tiʃœrt]로, 마치 영문을 프랑스 발음으로 읽듯이 발음한다.

taille ★

n. f. (옷의) 크기, 사이즈

Quelle est votre taille ? - Je fais du 38.

사이즈가 어떻게 되시죠? - 저는 38 입어요.

★★
manche

n. f. 소매

Je ne sais pas avec quoi mettre cette chemise à manches courtes.
나는 이 반팔 셔츠를 무엇이랑 입어야 할지 모르겠어.

▸ **à manches courtes** 짧은 소매의

> **Tip** 'à manches longues 긴소매의', 'sans manches 민소매의'도 알아 두자.

★
chaussure

n. f. 신발

J'évite de porter des chaussures trop hautes.
나는 너무 높은 신발을 착용하는 것을 삼가려고 해.

▸ **éviter** v. 삼가다, 금하다 / **haut(e)** a. 높은

> **Tip** 신발은 보통 복수를 사용한다.

★★
chausser

v. (신발을) 신다

Quelle est votre pointure ? - Je chausse du 36.
(신발) 사이즈가 어떻게 되시죠? - 저는 36 신어요.

★★
enlever

v. 없애다, 빼다, (옷, 장신구 따위를) 벗다

Enlève ton manteau, si tu as chaud.
더우면 코트 벗어.

▸ **manteau** n. m. 코트, 웃옷

★
serré(e)

a. 꽉 끼는, 몸에 달라붙는

Porter des vêtements trop serrés est mauvais pour la circulation sanguine.
너무 꽉 끼는 옷을 입는 것은 혈액 순환에 좋지 않다.

▸ **circulation sanguine** n. f. 혈액 순환

accessoire

n. m. (흔히 복수) 액세서리

Range tes accessoires dans la boîte à bijoux.
네 액세서리들을 보석함에 정리하렴.

beauté

n. f. 아름다움, 미

Au fil du temps, les critères de beauté changent.
시간의 경과에 따라, 아름다움의 기준들도 바뀐다.

▸ **critère** n. m. 기준, 표준, 근거

mode

n. f. 유행, 풍조, 조류

Ce style de pantalon est très à la mode.
이런 스타일의 바지가 아주 유행입니다.

▸ **style** n. m. 스타일 / **pantalon** n. m. 바지 / **à la mode** 최신 유행의, 유행하는

tendance

n. f. 경향, 추세, 동향, 트렌드

Les tendances changent chaque saison.
매 시즌마다 트렌드가 바뀐다.

> **Tip** mode는 일반적으로 1~3년의 긴 유행을, tendance는 1~3계절 정도의 비교적 짧은 트렌드를 나타낸다.

mannequin

syn. modèle

n. m. 마네킹, 패션 모델

Pour être mannequin on dit qu'il faut être grand, mince et beau mais en réalité on leur demande une vraie personnalité.
모델이 되기 위해서는 키가 크고, 날씬하고 잘생겨야 한다지만, 실제로 그들에게 요구되는 것은 진정한 개성이다.

▸ **en réalité** 실제로 / **personnalité** n. f. 개성

★ coiffeur(se)

n. 미용사

Je me suis fait couper les cheveux chez le coiffeur près de chez moi.

집 근처 미용실에서 머리를 잘랐다.

★ coiffure

n. f. 헤어스타일, 머리 손질, 이발, 미용

Dis donc, tu as changé de coiffure ?

이봐, 너 헤어스타일 바꿨어?

★ goût

n. m. 취향, 맛

Chacun son goût !

각자 자기 취향이 있는 거지!

★★★ raffiné(e)

syn. élégant(e) a. 우아한

a. 정제된, 세련된, 우아한

C'est un homme raffiné. Il a bon goût.

이 사람은 세련된 남자야. 그는 고상해.

★★ costume

n. m. 정장, 양복, 의복

Un costume doit être bien adapté à la silhouette, alors commandez un costume sur mesure.

정장은 몸에 잘 맞아야 합니다. 그러니 맞춤 정장을 주문하세요.

▶ **adapter** v. (물건을 다른 것에) 맞추다 / **commander** v. 주문하다 / **sur mesure** 맞춤의

★★★ défilé

n. m. 좁은 길, 행렬, 패션쇼

De nombreuses célébrités sont invitées au défilé de mode haute couture.

많은 유명인들이 오뜨 꾸뛰르 패션쇼에 초대된다.

▶ **célébrité** n. f. 명성, 유명인 / **haute couture** n. f. 오뜨 꾸뛰르, 고급 브랜드 디자인 옷

Tip 기성복을 나타내는 'prêt-à-porter n. m. 프레따뽀르떼, 기성복'도 알아 두자.

tailleur
★★

n. m. 재단사, 재봉사, (같은 천으로 된 여성용) 투피스

Elle a assorti une paire de mocassins à son tailleur pantalon.

그녀는 바지 정장에 모카신 한 컬레를 매치했다.

▸ **assortir** v. 배합하다 / **paire** n. f. 컬레, 쌍

> **Tip** tailleur는 기본적으로 여성용 치마 정장을 의미한다. 바지 정장은 tailleur pantalon이 라고 한다.

---

lingerie
★★

n. f. 여성용 내의류, 란제리

La soie est toujours une matière populaire en lingerie.

실크는 란제리의 소재로 늘 인기있다.

▸ **matière** n. f. 물질, 재료, 소재 / **populaire** a. 대중이 좋아하는

---

sous-vêtement
★

n. m. 속옷

Les experts recommandent de porter des sous-vêtements en coton.

전문가들은 면으로 된 속옷을 입을 것을 추천한다.

▸ **expert(e)** a. 능숙한, 숙련된 n. m. 전문가 / **recommander** v. 추천 하다 / **en coton** 면으로 된

---

couturier
★

n. m. (고급) 의복 디자이너

Les couturiers présentent leurs collections printemps-été durant la semaine de la mode.

패션 위크 동안 디자이너들은 그들의 봄-여름 컬렉션을 소개한다.

▸ **présenter** v. 소개하다 / **durant** ~동안 (내내) / **collection** n. f. 수 집(품), (디자이너의) 신작 컬렉션

---

maquillage
★★

n. m. 화장

En été, je fais un maquillage léger et naturel.

여름에 나는 가볍고 자연스러운 화장을 한다.

▸ **léger(ère)** a. 가벼운 / **naturel(le)** a. 자연스러운

Jour 12   **145**

se maquiller

v. 화장하다

Elle ne se maquille presque jamais.
그녀는 거의 화장을 하지 않는다.

▸ **presque** ad. 거의

★★★
appliquer

v. 바르다, 칠하다, 붙이다, 실행하다

Appliquez la crème en tamponnant la zone autour des yeux.
눈 주변 부분을 톡톡 두드리면서 크림을 바르세요.

▸ **tamponner** v. 톡톡 두드리다 / **zone** n. f. 지역, 부위, 부분 / **autour de** ~의 주위(근처)에

★★
pointure

n. f. (신발, 장갑, 모자 따위의) 치수, 사이즈

Ma mère fait la même pointure que moi.
우리 엄마는 나랑 같은 발 사이즈다.

Bonus!
단어

🎯 vêtement   n. m. 옷

t-shirt	n. m. 티셔츠	robe	n. f. 원피스
chemise	n. f. 셔츠	imperméable	n. m. 비옷, 레인코트
chemisier	n. m. 블라우스	pantalon	n. m. 바지
pull(-over)	n. m. 니트	jupe	n. f. 치마
débardeur	n. m. 민소매	short	n. m. 짧은 바지
gilet	n. m. 카디건, 조끼	jean	n. m. 청바지
veste	n. f. 재킷, 웃옷	doudoune	n. f. 패딩 점퍼
blouson	n. m. 점퍼, 블루종	costume	n. m. 정장
manteau	n. m. 코트, 외투	tailleur	n. m. 여성 정장(투피스)
parka *	n. m. f. 파카		

 * parka는 남성 명사와 여성 명사 두 가지로 모두 사용 가능하다.

🎯 accessoire   n. m. 액세서리

chapeau	n. m. (챙이 있는) 모자	bandeau	n. m. 머리띠
bonnet	n. m. 천 모자	collier	n. m. 목걸이
casquette	n. f. 캡 모자	boucle d'oreille	n. f. 귀걸이
bague	n. f. 반지	bracelet	n. m. 팔찌
ceinture	n. f. 벨트	cravate	n. f. 넥타이
chaussette	n. f. 양말	gant	n. m. 장갑
montre	n. f. 손목시계	lunettes	n. f. pl. 안경
sac	n. m. 가방	lunettes de soleil	n. f. pl. 선글라스
écharpe	n. f. 스카프	foulard	n. m. 목도리

🎯 chaussure   n. f. 신발

chaussure de ville	n. f. 남성용 구두	mocassin	n. m. 모카신, 로퍼
chaussure à talon	n. f. 굽이 있는 신발	chaussure plate	n. f. 굽이 낮은 신발
escarpin	n. m. 여성용 구두	sandale	n. f. 샌들
pantoufle *	n. f. 실내 슬리퍼	basket **	n. m. 운동화

* pantoufle은 실내에서 신는 슬리퍼를 의미하고, chausson은 'chausson de danse 발레 슈즈, 토슈즈' 또는 'chausson de toilettes 화장실용 슬리퍼' 등 좀 더 다양한 의미로 사용된다.

** basket [baskɛt]은 예외적으로 맨 끝 철자인 t의 발음을 살린다.

신발의 경우, 단수로 사용하면 한 짝을 의미한다. 한 켤레를 말하고자 할 때는 복수 형태로 사용한다.

🎯 sous-vêtement   n. m. 속옷

culotte	n. f. (여성용) 팬티	slip	n. m. (남성용) 삼각 팬티
soutien gorge	n. m. 브래지어	caleçon	n. m. (남성용) 사각 팬티 (트렁크)
combinaison	n. f. 슬립, 상하의가 연결된 옷	boxer	n. m. (남성용) 사각 팬티 (몸에 달라붙는 재질)
collant	n. m. 팬티스타킹		

• combinaison은 '점프수트'나 '상하의가 연결된 란제리'를 나타낼 수 있다.

연습문제

1 프랑스어 단어를 보고 적합한 의미를 찾아 선으로 연결해 보세요.

tenue •   • 트렌드, 경향

défilé •   • 패션쇼

tendance •   • 옷차림

raffiné(e) •   • 정제된, 세련된

2 주어진 문장을 보고 빈칸에 알맞은 프랑스어 단어를 보기에서 골라 적어 보세요.

보기	mode	Enlève	pointure	taille

1 Ce style de pantalon est très à la _____ .
이런 스타일의 바지가 아주 유행입니다.

2 Quelle est votre _____ ?
사이즈가 어떻게 되세요?

3 _____ ton manteau, si tu as chaud.
더우면 코트 벗어.

4 Ma mère fait la même _____ que moi.
우리 엄마는 나랑 같은 발 사이즈다.

3 주어진 우리말 단어를 보고 프랑스어로 적어 보세요.

1 옷 _____

2 취향, 맛 _____

3 정장, 양복 _____

4 화장 _____

....

정답
1 tenue - 옷차림, défilé - 패션쇼, tendance - 트렌드, 경향, raffiné(e) - 정제된, 세련된
2 ① mode ② taille ③ Enlève ④ pointure
3 ① vêtement ② goût ③ costume ④ maquillage

🔊 13

🏛 쇼핑

💬
**오늘도
지갑 텅텅**

프랑스에는 여름과 겨울에 크게 **soldes** 세일을 해요. **portefeuille** 지갑을 활짝 여는 시기라고 할 수 있죠. 전 이 기간에 옷을 많이 **acheter** 구매해요. 다른 때보다 **réduction** 할인율이 훨씬 높아서 **essayer** 입어 보지도 않고 바로 **caisse** 계산대로 가곤 해요. 뒤늦게 충동구매를 후회하고 **échanger** 교환하거나 **remboursement** 환불을 신청하기도 하지요. 아, 저는 인터넷 **shopping** 쇼핑도 무척 좋아해요. 대부분 **livraison** 배송이 무료거든요. 일단 맘에 드는 건 장바구니에 넣어야 안심이 돼요. 좋은 **article** 상품이 언제 **épuisé** 품절될지 모르니까요.

★
shopping

n. m. 쇼핑

J'ai fait du shopping au centre commercial.
나는 쇼핑몰에서 쇼핑을 했다.

▸ **centre commercial** n. m. 쇼핑몰, 상업 지구

★
acheter

v. 사다, 구매하다, 사 주다

Mon père m'a acheté un cadeau.
아버지가 나에게 선물을 하나 사 주셨다.

▸ **cadeau** n. m. 선물

★★
achat

n. m. 물건 사기, 매입, 구입

Un grand nombre de jeunes font des achats sur Internet.
다수의 젊은 사람들은 인터넷에서 물건을 구매한다.

▸ **un grand nombre de** 다수의 / **jeune** a. 젊은, 어린 n. 젊은 사람

★
vendre

v. 팔다, 판매하다

Désolé, mais ce n'est pas à vendre.
죄송합니다만, 이것은 파는 게 아닙니다.

★★
article

n. m. 상품, 물품

J'ai ajouté quelques articles à mon panier.
나는 몇몇 물품을 장바구니에 담았다 (추가했다).

▸ **ajouter** v. 더하다, 첨가하다 / **panier** n. m. 바구니

★
cher(ère)

a. 값 비싼, 소중한, 친애하는 ad. 비싸게

La vie est trop chère à Paris.
파리에선 생활비가 너무 비싸다.

▸ **vie** n. f. 삶, 생계(비), 생활(비)

> **Tip** 프랑스어에는 '(값이) 싼'을 의미하는 형용사가 따로 없기 때문에 주로 아래의 두 가지
> 방식으로 표현한다.
> ⓔ Ce n'est pas cher. 이것은 비싸지 않다. / C'est bon marché. 좋은 가격이다.

★★
prix

n. m. 값, 가격

Sur les marchés d'occasion, les livres se vendent à bas prix.
중고 시장에서 책이 싼 가격에 팔린다.

▸ **occasion** n. f. 기회, 상황, 싼 물건, 중고품 / **bas(se)** a. 낮은 / **se vendre** v. 팔리다

★
coûter

v. 값이 ~(이)다

Combien ça coûte ?
이것은 얼마입니까?

★★
négocier

v. 교섭하다, 협상하다

Il a l'habitude de négocier le prix d'une voiture et de dépenser le moins d'argent possible.
그는 차 가격을 협상하는 것과 가능한 최소한의 돈을 지출하는 데 익숙하다.

▸ **avoir l'habitude de** ~하는 습관이 있다 / **dépenser** v. 지출하다

essayer
★

v. 입어(신어) 보다, 시도하다, 애쓰다

Voulez-vous essayer ?
입어 보시겠어요?

cabine d'essayage
★★

n. f. 탈의실

La cabine d'essayage est là-bas.
탈의실은 저기에 있습니다.

paquet-cadeau
★★★

n. m. 선물용 포장

Vous me faites un paquet-cadeau ?
선물용 포장해 주시나요?

boutique
★

n. f. 상점, 가게, 부띠끄

Elle vient d'ouvrir une boutique de vêtements en ligne, et ça marche déjà bien.
그녀는 얼마 전에 온라인 옷 가게를 열었는데 벌써 잘되고 있어.

▸ **ouvrir** v. 열다, 개점하다 / **marcher** v. (회사 따위가) 돌아가다, 운영되다 / **en ligne** 온라인

magasin
★

n. m. 상점, 가게

Ce magasin de jouets est fermé tous les lundis.
이 장난감 가게는 매주 월요일에 닫는다.

▸ **jouet** n. m. 장난감 / **fermé(e)** a. 닫힌

> **Tip** 기본적으로 크기에 상관없이 일반적인 상점을 magasin, 규모가 작은 편이며 비교적 세련된 분위기의 상점을 boutique라고 한다.

grand magasin
★★

n. m. 백화점

On trouve toutes les marques de luxe dans un grand magasin.
백화점 안에서 모든 값비싼 브랜드를 발견한다.

▸ **marque** n. m. 표, 표시(물), 상표 / **de luxe** 값비싼, 값진

consommateur (trice)
★★★

a. 소비하는 n. 소비자

Le comportement d'achat des consommateurs est majoritairement influencé par la publicité.
소비자의 구매 행동은 대부분 광고에 의해 영향을 받는다.

▸ **comportement** n. m. 행동, 태도, 처신 / **majoritairement** ad. 다수결로, 대부분 / **influencer** v. 영향을 주다, 좌우하다, (~에) 작용하다 / **publicité** n. f. 광고

Jour 13

---

réduction
★★★

n. f. 가격 할인

Profitez de 30% de réduction sur votre commande.
주문하신 물품에 대해 30% 할인 혜택을 누리세요.

▸ **profiter** v. ~을(를) 이용하다 / **commande** n. f. 주문(품)

---

espèce
★★

n. f. (복수) 화폐, 현금

Vous payez en espèces ?
현금으로 결제하시나요?

---

carte
★

n. f. 카드

Acceptez-vous les cartes de crédit ?
신용 카드도 받으시나요?

▸ **crédit** n. m. 신뢰, 신용, (금전상의) 신용

> **Tip** carte bancaire는 은행 카드, carte de crédit는 신용 카드(syn. carte bleue), carte de débit는 체크 카드를 의미한다.

---

annuler
★

v. 취소하다

J'aimerais savoir comment annuler un achat.
어떻게 구매를 취소하는지 알고 싶습니다.

> **Tip** aimerais는 동사 'aimer 좋아하다'의 조건법 현재 1, 2인칭 단수 변화형이다.

échanger
★★

v. 교환하다, 맞바꾸다

Est-ce que je peux échanger ce pantalon contre un autre ?
이 바지 다른 것으로 바꿀 수 있을까요?

▸ **contre** ~와(과) 바꾸어(교환하여)

rembourser
★★★

v. (~에게)(~을) 환불하다, 돌려주다

Je voudrais me faire rembourser.
환불받고 싶습니다.

> **Tip** '환불받다'는 se faire rembourser 형태를 사용한다.

remboursement
★★

n. m. 상환, 환불

Le remboursement a bien été effectué.
환불이 잘 이행되었다.

▸ **effectuer** v. 실행하다, 행하다

aller
★

v. 어울리다

Cette robe te va très bien.
이 원피스 너에게 정말 잘 어울려.

caisse
★★

n. f. 계산대, 금고

Veuillez régler à la caisse.
계산대에서 결제해 주세요.

▸ **régler** v. 결제하다, 해결하다

> **Tip** veuillez는 'vouloir 원하다' 동사의 명령문 형태로, 공손한 요청을 할 때 사용한다.

choix

n. m. 선택, 선택권, 선택의 가능성

Nous vous proposons un large choix de chaussures de marques pour femme.

여러분께 여성용 고급 브랜드 신발의 폭넓은 선택을 선보입니다.

> **marque** n. f. 고급 제품 제조 회사, 일류 브랜드, 일류 제품 / **large** a. 넓은 n. m. 폭

étiquette

n. f. 명찰, 가격표, 라벨, 에티켓

Jetez un coup d'œil à l'étiquette de vos vêtements avant de les laver.

세탁하기 전에 옷의 라벨을 한번쯤 확인하세요.

> **jeter un coup d'œil** 흘낏 보다

solde

n. m. 염가 판매, 바겐 세일, (복수) 바겐 세일 상품

Pendant les soldes d'été, je fais un tour dans les boutiques de marques.

여름 세일 동안, 나는 고급 제품 상점들을 한 바퀴 돈다.

> **faire un tour** 한 바퀴 돌다, 돌아보다 / **marque** n. f. 고급 제품 제조 회사, 일류 메이커, 일류 제품

épuisé(e)

a. 고갈된, 품절된

Ce que je voulais acheter est épuisé.

내가 사고 싶었던 게 품절이다.

disponible

a. 사용할 수 있는, 재고가 있는

Ce t-shirt est disponible en rouge et dans d'autres couleurs.

이 티셔츠는 빨간색도 있고, 다른 색깔도 있어요.

monnaie

$

n. f. 잔돈, 거스름돈

Auriez-vous de la monnaie ?

잔돈 있으세요?

★ client(e)

n. 손님, 고객, 단골

Ce sont de fidèles clients.
이 사람들은 나의 단골 고객들이다.

▶ fidèle a. 충성스러운, 충실한

★ offre

n. f. 제공, 제시 가격

Découvrez nos offres spéciales et profitez de tarifs exceptionnels !
저희의 특별 가격을 확인하시고 이례적인 금액에 누려 보세요!

▶ découvrir v. 발견하다, 찾아내다 / tarif n. m. 가격, 요금 / exceptionnel(le) a. 예외적인, 이례적인, 뛰어난

★ vitrine

n. f. 진열장, 쇼윈도

Je venais dans ce quartier regarder les vitrines, il y a tellement de belles choses à voir.
나는 쇼윈도를 보러 이 동네에 오곤 했어, 볼 만한 예쁜 것들이 정말 많아.

▶ tellement de+무관사 명사 아주 많은 / quartier n. m. 4분의 1, (도시의) 구, 지구

★★★ stock

n. m. 재고품, 재고

Nous n'en avons plus en stock.
그것은 재고가 더 이상 없네요.

★★ caddie

syn. chariot

n. m. (손님이 상품을 스스로 운반할 수 있는) 손수레, 카트

Ma mère remplissait toujours son caddie au meilleur coût.
어머니는 늘 최적의 비용으로 슈퍼마켓 카트를 채우곤 했다.

▶ remplir v. 채우다 / coût n. m. 비용

paiement
★★

n. m. 지불, 채무의 상환, 지불금

Votre paiement a été refusé et vous allez être redirigé(e) sur notre site.

결제가 취소되었습니다. 사이트 메인 화면으로 이동합니다.

▸ **rediriger** v. 다시 보내다, 다시 ~(으)로 이끌다

---

portefeuille
★

n. m. (지폐 따위를 넣는) 지갑

Je ne l'ai jamais vu sortir son portefeuille.

나는 그가 지갑 꺼내는 걸 본 적이 없어.

---

rayon
★

n. m. (책장 따위의) 선반, (백화점 따위의) 매장, 코너

Le fromage est au rayon des produits laitiers au deuxième étage à gauche.

치즈는 2층 왼쪽으로 가시면 유제품 코너에 있어요.

▸ **produit laitier** n. m. 유제품 / **étage** n. m. 층

---

ticket de caisse
★

n. m. 영수증

Cet article n'est ni échangeable ni remboursable sans ticket de caisse.

이 상품은 영수증이 없으시면 교환이나 환불이 불가합니다.

▸ **échangeable** a. 교환이 가능한, 교환되는 / **remboursable** a. 환불 가능한

Tip ticket de caisse는 상점의 구매 목록 세부사항을 담은 'reçu n. m. 영수증'의 일종이다.

---

budget
★★

n. m. 예산, 경비

Dites-moi. Quel est votre budget ?

말해 주세요, 당신 예산이 얼마예요?

---

livraison
★★

n. f. 배달

La livraison est gratuite dès 30 euros d'achat.

30유로 이상 구매하면 무료 배송입니다.

▸ **dès** ~부터

Jour 13

Bonus! 단어

🎯 lieu de shopping　n. m. 쇼핑 장소

centre commercial	n. m. 시내, 쇼핑센터, 상업 지구
magasin	n. m. 상점
grand magasin	n. m. 백화점
magasin de chaussures	n. m. 신발 가게
magasin de jouets	n. m. 장난감 가게
magasin d'occasion	n. m. 중고 상점
boutique	n. f. 상점, 부띠끄
marché	n. m. 시장
marché aux puces	n. m. 벼룩시장
parfumerie	n. f. 향수 · 화장품 상점
bijouterie	n. f. 보석 가게
pharmacie	n. f. 약국
supermarché	n. m. 슈퍼마켓

연습문제

1 프랑스어 단어를 보고 적합한 의미를 찾아 선으로 연결해 보세요.

espèces •   • 배달

vitrine •   • 교환하다

échanger •   • 진열장, 쇼윈도

livraison •   • 현금

2 주어진 문장을 보고 빈칸에 알맞은 프랑스어 단어를 보기에서 골라 적어 보세요.

> 보기 essayer   achats   rembourser   vendre

1 Un grand nombre de jeunes font des _____ sur Internet.
대다수의 젊은 사람들은 인터넷에서 물건을 구매한다.

2 Désolé mais ce n'est pas à _____.
죄송합니다만 이것은 파는 것이 아닙니다.

3 Voulez-vous _____ ?
입어 보시겠어요?

4 Je voudrais me faire _____.
환불받고 싶습니다.

3 주어진 우리말 단어를 보고 프랑스어로 적어 보세요.

1 비싼   _____

2 탈의실   _____

3 소비자   _____

4 품절된   _____

....

> **정답**
> **1** espèces - 현금, vitrine - 진열장, 쇼윈도, échanger - 교환하다, livraison - 배달
> **2** ① achats ② vendre ③ essayer ④ rembourser
> **3** ① cher ② cabine d'essayage ③ consommateur ④ épuisé

🔊 14

🏛 음식, 요리

💬
**다이어트의
기본은
즐거운 식사**

몇 년 전만 하더라도, 전 툭하면 **repas** 식사를 거르곤 했어요. **grignoter** 군 것질하기를 너무 좋아하기 때문이죠. 결국 **prendre du poids** 살이 많이 쪄서 **obésité** 비만 판정을 받고 **régime** 다이어트를 시작했답니다. 골고루 **alimentation** 영양 섭취하는 데 관심을 가지면서 다양한 **recette** 레시피를 찾 아 **cuisine** 요리를 하기 시작했고, 어느덧 맛있고 건강한 다이어트를 추구하 는 **gourmet** 미식가 다이어터가 되었지요.

★
repas

n. m. 식사

Elle prend son repas.
그녀는 식사를 한다.

Je saute des repas parce que je n'ai pas le temps de manger.
나는 먹을 시간이 없기 때문에 식사를 건너뛰곤 한다.

▸ **prendre** 먹다 / **parce que** 왜냐하면 ~(이)기 때문에

★
**petit-
déjeuner**

n. m. 아침 식사

Je prends des céréales au petit-déjeuner.
나는 아침 식사로 시리얼을 먹는다.

▸ **céréales** n. f. pl. 시리얼

★
déjeuner

n. m. 점심 v. 점심 식사하다

Allons déjeuner ensemble.
우리 같이 점심 먹으러 가자.

▸ **ensemble** ad. 같이

---

dîner

★

n. m. 저녁 식사 v. 저녁 식사하다

Ils m'ont invité à dîner.

그들이 나를 저녁 식사에 초대했어.

▸ **inviter à** ~에 초대하다, 권하다

> **Tip** '아침·점심·저녁 식사를 하다'는 manger 동사가 아닌 prendre 동사를 사용한다.
> 'Prends ton petit-déj ! 아침 먹어!'와 같이 소유형용사로 말하기도 한다. petit-déj는
> 'petit-déjeuner 아침 식사'의 줄임말로, 회화에서 많이 쓰인다.

manger

★

v. 먹다

Il est important de manger équilibré.

균형있게 먹는 것이 중요하다.

▸ **équilibré(e)** a. 균형이 잡힌

> **Tip** '밥 먹다'를 manger 동사로 간단하게 표현할 수 있다.
> 예 J'ai mangé tout à l'heure. 나 조금 전에 밥 먹었어.

boire

★

v. 마시다

J'ai trop bu hier au bar.

나 어제 바에서 너무 많이 마셨어.

▸ **hier** ad. 어제 / **bar** n. m. 바, 술집

grignoter

★★★

v. 군것질하다, 조금씩 갉아먹다

J'ai toujours envie de grignoter entre les repas.

나는 식사 사이에 항상 군것질이 당겨.

▸ **avoir envie de** ~을(를) 하기를 원하다 / **entre les repas** 식사 사이에

nourriture

★★

n. f. 음식, 영양물, 먹을거리

Il n'y a pas assez de nourriture pour les réfugiés.

피난민들을 위한 충분한 (양의) 음식이 없다.

▸ **assez** ad. 충분한 / **réfugié(e)** a. 피난한, 망명한 n. 망명자, 난민

★★★
aliment

n. m. 양식, 음식, 식품, 자양물

Elle ne mange pas certains aliments pour des raisons religieuses.
그녀는 종교적인 이유로 몇몇 음식을 먹지 않는다.

▶ **certain(e)** a. (명사 앞에 위치할 때) 어느, 어떤, 몇몇 / **raison** n. f. 이유 / **religieux(se)** a. 종교적인

> **Tip** 'nourriture'는 'nourriture coréenne 한국 음식'과 같이 일반적으로 섭취하는 먹을거리를 의미하고, aliment은 'pain 빵', 'nouilles 국수', 'riz 밥'과 같이 구체적인 식품을 나타낸다.

★★★
alimentation

n. f. 음식(양식)을 주기, 영양 섭취, 식료품, 식품업

Mon médecin m'a donné des conseils pour maintenir une alimentation équilibrée.
나의 주치의는 나에게 균형있는 영양 섭취를 지속할 수 있는 조언을 해주었다.

▶ **donner des conseils** v. 권하다, 충고(조언)하다 / **maintenir** v. 유지하다

L'organisation pour l'alimentation et l'agriculture (FAO)
식량 농업 기구

▶ **organisation** n. f. 조직(체), 단체, 기구

> **Tip** 'alimentaire a. 음식의, 식품의'까지 알아 두자.
> ◑ Il est important d'adopter de bonnes habitudes alimentaires pour être en forme. 건강하기 위해서는 좋은 습관을 갖는 것이 중요하다.
> adopter v. 양자(양녀)로 삼다, 채택(채용)하다, 취하다 / habitude n. f. 습관, 버릇 / être en forme 컨디션(건강)이 좋다

★
cuisine

n. f. 요리, 부엌

J'adore la cuisine française.
나는 프랑스 요리를 좋아해.

▶ **adorer** v. 열렬히 좋아하다

Il est dans la cuisine.
그는 부엌에 있어.

▶ **dans** ~안에

★ cuisiner

syn. faire la cuisine

v. 요리하다

Il vaudrait mieux cuisiner au lieu de manger des cochonneries.

몸에 안 좋은 것들을 먹는 대신에 요리하는 게 더 좋을 것 같다.

> **au lieu de** ~ 대신에, ~하는 대신에 / **cochonnerie** n. f. 더러운 것, 불결한 것 (몸에 좋지 않은 것)

★★ cuire

v. 익히다, 삶다, 굽다

Faire cuire les légumes à la vapeur dans une casserole.

채소를 냄비 속에서 증기로 익히세요.

> **légume** n. m. 야채 / **vapeur** n. f. 증기, 수증기 / **casserole** n. f. 냄비

★★ bouillir

v. 끓다

L'eau bout à 100 degrés.

물은 100도에서 끓는다.

Faites bouillir de l'eau.

물을 끓이세요.

> **degré** n. m. (기온, 각도, 위도, 경도 따위의) 도

★★★ remuer

v. 젓다, 휘젓다, 뒤적거리다

Faites cuire 10 à 12 min en remuant constamment avec une spatule en bois.

나무 주걱으로 계속 저으면서 10~12분간 익히세요.

> **constamment** ad. 끊임없이, 줄곧 / **spatule** n. f. 주걱 / **en bois** 나무(재질)로 된

Tip 제롱디프는 'en+현재 분사' 형태로, 주로 동시 동작을 나타낼 때 사용하며, '~하면서'로 해석한다.

mélanger
★★

v. 섞다, 혼합하다 (se mélanger v. 섞이다, 혼합되다)

Mélangez bien avec un fouet.
믹서로 잘 섞으세요.

▸ **fouet** n. m. 핸드 믹서 (수동)

> **Tip** 전동 믹서는 mixeur 또는 batteur électrique라고 한다.

couper
★★

v. 자르다

Commencez par couper le bout de la tige.
줄기의 끝부분을 자르는 것부터 시작하세요.

▸ **commencer** v. 시작하다 / **par** ~부터 / **bout** n. m. 가장자리, 끝부분
/ **tige** n. f. 줄기

éplucher
★★

v. (야채나 과일의) 껍질을 벗기다

Ce n'est pas la peine d'éplucher cette pomme
parce qu'elle est bio.
이 사과는 껍질을 벗길 필요가 없어 왜냐하면 유기농이거든.

▸ **peine** n. f. 수고, 노고 / **cultiver** v. 경작하다, 재배하다 / **bio** a. 자연 식품의

> **Tip** Ce n'est pas la peine de 동사 원형: ~할 필요가 없다.

chauffer
★★

v. 데우다, 덥히다, 가열하다

Faites chauffer une tasse d'eau au micro-onde.
전자레인지에 물 한 잔을 데우세요.

▸ **tasse** n. f. 잔, 찻잔 (머그잔) / **micro-onde** n. m. 전자레인지

> **Tip** 'micro-onde 마이크로파'는 여성 명사이나, 전자레인지는 four à micro-ondes를 간단
> 하게 줄여 부르는 방식이므로 four의 성을 따라 남성 명사 취급한다.

réchauffer
★★

v. (찬 음식을) 데우다, 몸을 데우다, 데워지다

Il fait réchauffer une pizza surgelée au four.
그는 오븐에 냉동 피자를 데운다.

▸ **surgelé(e)** a. 급속(저온) 냉동된 / **four** n. m. 오븐

★★
fondre

v. 녹이다, 용해하다, 녹다

Faites fondre du chocolat à feu doux.
약한 불에 초콜릿을 녹이세요.

▸ **à feu doux** 약한 불에

> **Tip** cuire, bouillir, chauffer, réchauffer와 같이 기계를 이용한 '익힘, 끓임, 데움' 등의 행위
> 를 표현하는 경우, 주로 faire 동사와 함께 사용한다. (faire+동사 원형: ~하게 하다)

★
faire

v. 하다, 만들다

Julie fait un gâteau, en attendant je ferai des pâtes.
줄리는 케이크를 만들고, 기다리는 동안 나는 파스타를 할게.

▸ **pâte** n. f. 밀가루 반죽, 면류, 국수

On fait des crêpes ?
우리 크레이프 만들까?

> **Tip** 파스타, 크레이프 등 비교적 간단한 요리들은 cuisiner 동사가 아닌 faire 동사를 사용한다.

★
recette

n. f. 레시피, 요리법

Quelle est votre recette favorite ?
당신이 좋아하는 레시피는 무엇이죠?

▸ **favori(te)** a. 애호하는, 좋아하는, 인기있는

★
préparation

n. f. 준비, 재료(준비물)

5 minutes de préparation
준비 시간 5분

★
préparer

v. 준비하다

J'ai préparé les ingrédients la veille au soir.
나는 전날 저녁에 재료들을 준비했다.

▸ **ingrédient** n. m. 재료, 성분 / **veille** n. f. 전날

> **Tip** 'veille'는 특정 시점을 기준으로 그 '전날'을 가리키고, 'hier (ad. n. m. 어제)'는 오늘을
> 기준으로 한다.
> ⑩ La veille de Noël 성탄 전야, 크리스마스 이브

★★ régime

n. m. 다이어트, 식이 요법

Je suis au régime.

나 다이어트 중이야.

★★★ malnutrition

n. f. 영양 불량, 영양실조

Chaque année, des millions d'enfants meurent de malnutrition.

매년 수백만의 아이들이 영양실조로 사망합니다.

▸ **million** n. m. 백만, 무수, 다수 / **mourir de+무관사 명사** ~(으)로 죽다

> **Tip** nutrition은 'n. f. 영양, 영양 섭취'를 의미하며, 접두사 mal은 부정, 결핍의 의미를 부여한다.

★★ nutritionnel(le)

a. 영양의

Les informations nutritionnelles sont marquées sur les étiquettes des produits.

영양 정보는 제품의 라벨에 표기되어 있다.

▸ **information** n. f. 정보 / **marqué(e)** a. 표시된, 표시가 있는 / **étiquette** n. f. 가격표, 라벨

★★ gourmet

n. m. 미식가, 식도락가, 조예가 깊은 사람

Lui, il est gourmand mais moi, je suis gourmet.

그는 식도락가고, 나는 미식가다.

▸ **gourmand(e)** a. 식도락을 즐기는, 미식(의) n. m. 식도락가

> **Tip** 'gourmand'은 '탐욕스러운, 식탐이 많은 (사람)'과 같이 부정적 의미로 사용되기도 한다.

★ diététicien(ne)

syn. nutritionniste

n. 영양사, 영양학자

Seul un diététicien vous aidera à perdre du poids.

영양사만이 당신이 체중 감량하는 것을 도와줄 수 있을 겁니다.

▸ **seul(e)** a. (부사적 용법) 오직, ~만이 / **aider** v. 돕다

★★ végétarien(ne)

a. 채식주의자의 n. 채식주의자

Je cherche un restaurant végétarien près de l'Hôtel de Ville.
나는 시청 근처에 있는 채식 식당을 찾고 있어.

> **chercher** v. 찾다 / **près de** ~근처에 / **Hôtel de Ville** n. m. 시청

★ légume

n. m. 채소, 야채

Mangez 5 fruits et légumes par jour.
하루에 다섯 가지 과일과 야채를 드세요.

> **par jour** 하루에

★★★ protéine

n. f. 단백질

Vous devriez manger plus de protéines que de glucides.
탄수화물보다 단백질을 많이 드셔야 할 것 같습니다.

> **plus de A (que B)** (B보다) 더 많은 A / **glucide** n. m. 탄수화물

★★ poids

n. m. 체중, 무게

Il a pris du poids en faisant du sport.
그는 운동을 하면서 살이 쪘다.

> **prendre du poids** 살이 찌다

J'ai perdu 10 kilos en 3 mois.
나는 3개월만에 10킬로를 감량했다.

> **perdre du poids** 살 빼다 / **en+기간** ~만에

Jour 14

obésité
★★★

n. f. 비만, 비만증

La consommation excessive de matière grasse présente des risques d'obésité.
지나친 지방분의 섭취는 비만을 일으킬 위험을 가진다.

▸ **consommation** n. f. 소비, 소비량 / **excessif(ve)** a. 지나친, 과도한 / **matière grasse** n. f. 지방분, 지방질 / **présenter** (모습, 양상을) 보이다, 나타내다 / **risque** n. m. 위협, 위험

> **Tip** 'obèse a. 비만한, 지나치게 뚱뚱한 n. 비만한 사람'까지 알아 두자.
> 예 Mon fils est obèse. 내 아들은 비만이다.

diabète
★★★

n. m. 당뇨병

Mon grand-père souffre de diabète.
나의 할아버지는 당뇨병을 앓고 있다.

▸ **souffrir de+무관사 명사** v. ~을(를) 앓다

> **Tip** 'diabétique a. 당뇨병의, 당뇨병에 걸린 n. 당뇨병 환자'까지 알아 두자.
> 예 Il est diabétique. 그는 당뇨병 환자다.

produit
★★

n. m. 생산물, 제품

Pour les enfants, il est recommandé de consommer 2 ou 3 produits laitiers par jour.
아이들에게 하루에 2-3개의 유제품을 섭취할 것이 권장되고 있다.

▸ **recommandé(e)** a. 추천된, 권장된 / **consommer** v. 소비하다 / **laitier(ère)** a. 우유의

quantité
★★

n. f. 양, 분량, 수량

Ils sont habitués à manger en trop grande quantité.
그들은 많은 양을 먹는 데 익숙해져 있다.

▸ **être habitué à** ~ 하는 데 익숙하다 / **en (grande) quantité** 다량으로

livre
★★
(syn. 500 grammes de)

n. f. 500 그램의

Je vais prendre une livre de fraises et un kilo de pommes de terre.

저는 딸기 500그램과 감자 1킬로그램을 사겠습니다.

> **fraise** n. f. 딸기 / **pomme de terre** n. f. 감자 / **un kilo de** ~ 1킬로의 ~

cuillère
★★

n. f. 숟가락, 스푼, 한 숟가락의 분량

Il suffit d'ajouter une cuillère à soupe de miel, pour le rendre plus sucré.

더 단맛을 내기 위해서는 꿀 한 숟갈을 더하시면 충분합니다.

> **suffire** v. ~(하기)에 충분하다, 족하다 / **miel** n. m. 꿀 / **rendre** v. 돌려주다, ~하게 만들다 / **sucré(e)** a. (맛이) 단, 달콤한

> **Tip** 그 밖의 수량 표현
> une cuillère à soupe 수프용 스푼, 밥 숟가락 (=une cuillère de table)
> une cuillère à café 커피 스푼, 티스푼

tranche
★★

n. f. (음식의) 얇은 조각, 슬라이스

Mettez une tranche de jambon et un morceau de fromage à raclette sur une tranche de pain de mie.

식빵 한 장 위에 햄 한 장과 라클레트용 치즈 한 조각을 놓으세요.

> **morceau** n. m. 조각 / **fromage à raclette** n. m. 라클레트용 치즈 / **pain de mie** n. m. 식빵

🎯 légume   n. m. 야채

carotte	n. f. 당근	tomate	n. f. 토마토
pomme de terre	n. f. 감자	ail	n. m. 마늘
oignon	n. m. 양파	piment	n. m. 고추
champignon	n. m. 버섯	maïs	n. m. 옥수수
courge	n. f. 호박	céleri	n. m. 셀러리
courgette	n. f. 애호박	haricot	n. m. 강낭콩
épinard	n. m. 시금치	concombre	n. m. 오이
aubergine	n. f. 가지	salade	n. f. 샐러드
poireau	n. m. 파	radis	n. m. 순무
chou	n. m. 양배추	navet	n. m. 무
chou-fleur	n. m. 꽃양배추	poivron	n. m. 피망
laitue	n. f. 양상추	avocat	n. m. 아보카도
brocoli	n. m. 브로콜리	lentille	n. f. 렌틸콩

🎯 fruit   n. m. 과일

pomme	n. f. 사과	fraise	n. f. 딸기
poire	n. f. 배	cerise	n. f. 체리
pêche	n. f. 복숭아	citron	n. m. 레몬
pastèque	n. f. 수박	abricot	n. m. 살구
melon	n. m. 멜론	pamplemousse	n. m. f. 자몽
orange	n. f. 오렌지	kiwi *	n. m. 키위

mangue	n. f. 망고	citron	n. m. 레몬
banane	n. f. 바나나	figue	n. f. 무화과
ananas	n. m. 파인애플	mûre	n. f. 오디
raisin	n. m. 포도	framboise	n. f. 산딸기
prune	n. f. 자두	clémentine	n. f. 귤

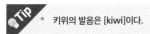 * 키위의 발음은 [kiwi]이다.

🎯 viande   n. f. 고기

bœuf	n. m. 소고기	veau	n. m. 송아지 고기
bifteck	n. m. 비프스테이크(용 고기)	volaille	n. f. 가금류
filet	n. m. 안심	poulet	n. m. 닭고기
faux-filet	n. m. 등심	canard	n. m. 오리, 오리고기
entrecôte	n. f. 갈비살	dinde	n. f. 칠면조 요리
porc	n. m. 돼지고기	jambon	n. m. 햄
côtelette	n. f. 갈비	saucisse	n. f. 소시지
agneau	n. m. 새끼양고기		

⊚ poisson   n. m. 생선

saumon	n. m. 연어	maquereau	n. m. 고등어
sole	n. f. 넙치, 가자미	anchois	n. m. 멸치
sardine	n. f. 정어리	calmar	n. m. 오징어
thon	n. m. 참치	poulpe	n. m. 문어

⊚ fruits de mer   n. m. pl. 해산물

huître	n. f. 굴	homard	n. m. 바닷가재
moule	n. f. 홍합	coquillage	n. m. 조개
crabe	n. m. 게	langoustine	n. f. 작은 바닷가재
crevette	n. f. 새우	algue	n. f. 해초

⊚ produit de base   n. m. 기본 재료 (syn. ingrédient n. m. 재료, 성분)

farine	n. f. 밀가루	condiment	n. m. 조미료
pâtes *	n. f. pl. 파스타	poivre	n. m. 후추
riz	n. m. 쌀	épice	n. f. 양념, 향신료
nouilles *	n. f. pl. 국수	moutarde	n. f. 머스터드
sel	n. m. 소금	mayonnaise	n. f. 마요네즈
sucre	n. m. 설탕	ketchup **	n. m. 케첩
huile d'olive ***	n. f. 올리브유		

* 면류는 복수로 쓴다.

** 케첩은 [kɛtʃœp]과 같이 영어식으로 발음한다.

*** huile de 재료명: ~기름
　　　예 **huile de sésame** 참기름

⊚ ustensile de cuisine   n. m. 조리 도구

casserole	n. f. 냄비	grille-pain	n. m. 토스터
poêle *	n. f. 프라이팬	planche à découper	n. f. 도마
cocotte	n. f. 스튜 냄비	cafetière	n. f. 커피 머신, 커피 주전자
louche	n. f. 국자	spatule	n. f. 주걱
fouet	n. m. 핸드 믹서	passoire	n. f. 체, 여과기
mixeur	n. m. 믹서기	pelle	n. f. 뒤집개

* 프라이팬은 [pwɑl]로 발음한다.

⊚ produit laitier   n. m. 유제품

lait	n. m. 우유
fromage	n. m. 치즈
beurre	n. m. 버터
yaourt *	n. m. 요거트
glace	n. f. 아이스크림
œuf **	n. m. 달걀

* 요거트는 [jauʀt], [jauːʀ] 등 다양한 방식으로 발음이 가능하다.

** 달걀의 경우 단수일 때와 복수일 때의 발음이 다르다.
단수: un œuf [어뇌프]
복수: des œufs [데죄]

연습문제

1 프랑스어 단어를 보고 적합한 의미를 찾아 선으로 연결해 보세요.

gourmet •　　　　　　　　• 비만

régime •　　　　　　　　• 미식가

obésité •　　　　　　　　• 다이어트, 식이 요법

condiment •　　　　　　　　• 조미료

2 주어진 문장을 보고 빈칸에 알맞은 프랑스어 단어를 보기에서 골라 적어 보세요.

| 보기 | petit-déjeuner | crêpes | diabète | Mélangez |

1 On fait des _____ ?
우리 크레이프 만들까?

2 Je prends des céréales au _____.
나는 아침 식사로 시리얼을 먹는다.

3 _____ bien avec un fouet.
믹서로 잘 섞으세요.

4 Mon grand-père souffre de _____.
나의 할아버지는 당뇨병을 앓고 있다.

3 주어진 우리말 단어를 보고 프랑스어로 적어 보세요.

1 영양 불량 _____

2 돼지고기 _____

3 참치 _____

4 냄비 _____

우리 Pacs할까요?

Pacs(Pacte civil de solidarité의 약어)는 프랑스에서 시행 중인 두 이성 또는 동성 간의 시민 결합 제도입니다. 조금 더 쉽게 말하면 동거를 하는 연인이 결혼을 하지 않고도 법적 보호와 혜택을 받고자 할 때 선택할 수 있는 '동거 계약 제도'라 할 수 있지요. 동성 커플의 혼인 신고가 불가능했던 때 그들을 법적으로 보호하면서도 결혼과 같은 혜택을 주고자 고안된 제도였는데, 이성 커플까지 적용 범위가 넓어졌습니다. 2013년 동성 결혼이 합법화된 후에도, 상당수의 커플들은 결혼이 아닌 Pacs를 택하고 있습니다.

그렇다면 Pacs를 선호하는 이유는 무엇일까요? 결혼에 대한 부담감과 더불어, 많은 이들이 손에 꼽는 이유는 바로 까다로운 이혼 절차입니다. 오랜 시간 법적 공방을 벌이고, 재산 분할로 골머리를 앓는 기혼 커플들이 많은 반면, Pacs는 결혼에 비해 간단하게 해지할 수 있다는 특징이 있지요.

하지만 오해해선 안 됩니다. 프랑스라고 해서 쉽게 동거를 하고, 쉽게 Pacs를 신청하는 것은 아닙니다. 누군가와 함께 산다는 것은 즐겁지만 힘든 때도 많고, 언제 마음이 변하게 될지 모르는 법이며, 헤어짐은 마음이 아픈 일이니까요. 주로 진지한 관계를 유지하는 커플들이 Pacs를 신청하고, 그만큼 승인을 받기까지도 꽤 긴 시간이 걸린답니다.

Jour 15

🏛 식사, 레스토랑

💬
**소중한
점심 시간**

일주일에 한 번씩 미식 동호회 사람들과 좋은 **restaurant** 레스토랑에 맛집 투어를 가거나, 와인 **dégustation** 시음회에 참석하곤 해요. 점심 땐 저렴한 **formule** 세트 메뉴를 시킬 수 있어 좋아요. 풀코스뿐만 아니라, **entrée** 전식과 **plat** 본식만 시키거나 본식과 후식을 시킬 수도 있어요. 처음 가는 레스토랑에서는 그곳의 **spécialité** 특별 요리나 **plat du jour** 그날의 요리를 시키곤 해요. 주방장이 추천하는 요리를 먹어 보기도 하지요. 새로운 **saveur** 맛 체험은 언제나 즐거우니까요.

★
restaurant

n. m. 음식점, 식당, 레스토랑

J'aime bien manger au restaurant.
나는 식당에서 먹는 것을 좋아해.

★★
carte

n. f. 메뉴판, 카드, 지도

Vous pouvez choisir un dessert à la carte.
메뉴판에서 디저트를 고르실 수 있습니다.

▸ **dessert** n. m. 디저트

> **Tip** 'à la carte 알 라 카르트'는 직역하면 '메뉴판에서'라는 뜻으로, 제시된 코스 요리가 아니라 메뉴판에 있는 개별 요리들 중에서 주문하는 것을 뜻한다.

★
menu

n. m. 메뉴

On va goûter le menu d'été.
우리 여름 메뉴를 맛보자.

▸ **goûter** v. 맛보다, 시식하다

★
bon(ne)

a. 좋은, 맛있는

C'est très bon !
이거 정말 맛있다!

commander

★

v. 주문하다, 명령하다, 지시하다

Vous avez déjà commandé ?
당신은 이미 주문하셨나요?

apéritif

★

n. m. 식전주, 아페리티프

Un apéritif est servi avant le repas afin d'ouvrir
l'appétit.
식전주는 식사 전에 입맛을 돋우기 위해 제공된다.

entrée

★

n. f. 전식, 앙트레, 문, 입구

J'hésite entre les escargots et le foie gras en
entrée.
나는 전식에 달팽이와 푸아그라 중에 고민하고 있어.

▸ **hésiter** v. 망설이다

plat

★

n. m. 접시, 접시에 담긴 음식, 요리

Quel est le plat du jour ?
오늘의 요리는 무엇인가요?

▸ **plat du jour** n. m. 오늘의 요리

spécialité

★★

n. f. 특산물, 특제품, 특별 요리, 전공, 전문 분야

Découvrez nos spécialités culinaires régionales !
우리 지역의 특별 요리들을 발견해 보세요!

▸ **découvrir** v. 발견하다, 찾아내다 / **culinaire** a. 요리의 / **régional(e)**
a. 지방의, 지역의

table

★

n. f. 탁자, 테이블, 식탁

À table !
식탁으로! (밥 먹자!)

déguster

★★

v. (술 따위의) 맛을 보다, 시음하다

Évitez de déguster du vin juste après avoir consommé des produits au goût fort tels que le café et le tabac.

커피나 담배와 같이 맛이 강한 상품을 맛본 직후 와인 시음하기를 피하세요.

▸ **éviter** v. 피하다 / **consommer** v. 먹다, 마시다, 소비하다, 향유하다 / **tel(le) que** ~와(과) 같은 / **tabac** n. m. 담배

dégustation

★★★

n. f. (감정을 위한) 시음, 시식

La dégustation à l'aveugle est principalement utilisée dans les concours de sommeliers.

블라인드 시음은 소믈리에 선발 시험에서 주로 사용된다.

▸ **aveugle** a. 눈먼 n. 맹인 / **principalement** ad. 주로 / **concours** n. m. 선발 시험, 경쟁 시험, 경기

gastronomie

★★★

n. f. 식도락, 미식법, 요리법

Dans la gastronomie coréenne, la garniture est très importante et diversifiée.

한국식 요리에서 곁들이는 요리는 아주 중요하며 다양화되어 있다.

▸ **garniture** n. f. 곁들임 요리(야채), 고명 / **diversifier** v. 다양화하다, 여러 가지로 변화시키다

gastronomique

★

a. 식도락의, 미식법의

C'est l'un des 5 meilleurs restaurants gastronomiques à Paris présentés dans les revues culinaires.

이곳은 요리 잡지들에서 파리의 5대 맛집으로 소개된 곳 중 하나야.

▸ **revue** n. f. 잡지, 정기 간행물

réserver

v. 예약하다, (~을(를) 위하여) 마련해 놓다

Je voudrais réserver une table pour ce soir.
오늘 저녁에 테이블 하나를 예약하고 싶은데요.

formule

n. f. 방법, 방식, 세트 메뉴

Je vais prendre la formule à 15 euros.
저는 15유로짜리 세트 메뉴 할게요.

assiette

n. f. 접시, (요리) 한 접시

Finis ton assiette !
접시를 비워라! (남기지 마라!)

couteau

n. m. 칼, 나이프, 단도

Ce couteau ne coupe plus.
이 칼이 더 이상 잘 들지 않는다.

▸ **couper** v. 자르다, (칼이) 잘 들다 / **ne ~ plus** 더 이상 ~ 않다

boisson

n. f. 음료, 주류, 술

C'est une boisson à base de rhum et de jus de fruit.
이것은 럼주와 과일 주스를 주성분으로 만든 음료이다.

▸ **à base de** ~을(를) 주성분으로 하여 만들어진 / **jus** n. m. 주스, 즙

cuisson

n. f. (요리를) 익히기, 삶기, 굽기

Quelle cuisson (voulez-vous) ?
(고기는) 어떤 굽기를 원하세요? (굽기는 어떻게 해 드릴까요?)

> **Tip** 고기 굽기 정도를 나타내는 표현을 알아보자.
> bleu 블루 (레어보다 덜 익힌 정도) / saignant 레어 / à point 미디엄 / bien cuit 웰던

★★
accompagne-ment
syn. garniture

n. m. (고기나 생선 요리에) 곁들인 채소, 가니쉬, 반찬

Le kimchi est un accompagnement qu'on partage à tous les repas.
김치는 모든 식사 때 함께하는 반찬이다.

> **partager** v. 서로 나누어 갖다, 공유하다

★
boulangerie

n. f. 제빵, 빵 가게, 빵집

Je vais à la boulangerie pour acheter du pain et des viennoiseries.
나는 빵집에 빵과 (비엔나풍의) 과자들을 사러 간다.

> **viennoiserie** n. f. 비엔나풍의 빵(과자)

> **Tip** 페이스트리류나 디저트에 가까운 달콤한 맛의 빵을 viennoiserie라고 한다.
> 예 'croissant 크루아상', 'pain au chocolat 초코빵', 'brioche au beurre 버터 브리오슈', 'beignet 도넛' 등

★
pâtisserie

n. f. 과자 제조(법), 과자, 케이크, 과자 제조(판매)업, 제과점

Les pâtisseries sont consommées en général sous forme de dessert.
제과류는 일반적으로 디저트의 형태로 소비된다.

> **sous forme de** ~의 형태로

> **Tip** 'boulangerie 제빵'은 주로 식사와 곁들여 먹는 바게트나 깡빠뉴 등 발효시켜 구운 빵 및 그것의 제조를 가리키며, 'pâtisserie 제과'는 디저트나 간식으로 소비되는 케이크나 과자, 달콤한 빵 및 그것의 제조를 가리킨다.

★★★
mets

n. m. (접시에 담은) 요리

Le foie gras est un mets de luxe.
푸아그라는 값비싼 요리이다.

> **de luxe** 값비싼, 값진

> **Tip** cuisine은 모든 '요리'를 폭넓게 뜻하고, mets는 바로 먹을 수 있도록 가공된 요리나 접시에 담은 요리를 뜻한다.

viande

★

n. f. 고기

La viande fond dans la bouche.
고기가 입에서 살살 녹네.

▸ **bouche** n. f. 입

saveur

★★★

syn. goût

n. m. 맛, 풍미

On peut distinguer 4 saveurs ; l'acide, l'amer, le
sucré et, le salé.
사람들은 4가지 맛을 구별할 수 있다: 신맛, 쓴맛, 단맛 그리고 짠맛.

▸ **distinguer** v. 구별하다, 판별하다

dévorer

★★★

v. 뜯어먹다, 먹어 치우다, (사람이) 탐욕스럽게 먹다

Elle a dévoré son repas devant son écran en 10
minutes.
그녀는 컴퓨터 화면 앞에서 자신의 식사를 10분만에 먹어 치웠다.

gavage

★★★

**n. m. (가금류에) 많은 사료를 강제로 먹여 살찌우기, 강제
사육**

Bientôt, il sera possible de produire du foie gras
sans gavage.
곧 강제 사육 없이 푸아그라를 만드는 것이 가능해질 것이다.

délicieux(se)

★

syn. savoureux(se)

a. 맛있는, 감미로운, 즐거운

Ce bœuf bourguignon est tout simplement
délicieux.
이 뵈프 부르기뇽은 그야말로 맛깔스럽다.

▸ **bourguignon(ne)** a. 부르고뉴식의 n. 부르고뉴 사람

> **Tip** '뵈프 부르기뇽'은 프랑스 부르고뉴 지역의 방식으로 요리한 'bœuf 소고기' 요리이다.
> 맛있음의 정도에 따라 어휘를 구분하여 말해 보자. bon < très bon < délicieux이다.

★ pimenté(e)

syn. piquant(e), épicé(e)

a. 매운

Les Coréens aiment bien manger pimenté mais les Français ne le supportent pas.

한국인들은 매운 음식을 먹는 걸 좋아하지만, 프랑스인들은 그것을 견디지 못한다.

▸ **supporter** v. 견뎌 내다

★★ cru(e)

ant. cuit(e) a. 익힌

a. 익히지 않은, 날것의

Le poisson cru peut être infecté par des vers parasites.

날생선은 기생충에 감염되어 있을 수 있다.

▸ **infecter** v. 전염시키다, 오염시키다 / **ver parasite** n. m. 기생충

★ politesse

n. f. 예의, 예절

On ne parle pas la bouche pleine, c'est la politesse à table.

입이 가득 찬 상태에서는 말을 하지 않는다, 그것은 식사 예절이다.

★ buffet

n. m. 뷔페, (파티 따위에서) 음식을 차려 놓는 식탁, 차려 놓은 음식

Il y a un très bon buffet à volonté japonais près du cinéma.

영화관 근처에 아주 좋은 일본식 뷔페 레스토랑이 하나 있다.

▸ **à volonté** 마음껏, 마음대로

bistrot
★

n. m. 술집, 카페, (수수한) 레스토랑

Je mange un sandwich dans un bistrot du coin.

나는 모퉁이 술집에서 샌드위치를 먹는다.

▸ **coin** n. m. 모퉁이, 구석

terrasse
★

n. f. 테라스, 대형 발코니

Asseyons-nous sur la terrasse.

우리 테라스 자리에 앉자.

▸ **s'asseoir** v. 앉다

Jour 15

copieux(se)
★★

a. 푸짐한, 양이 많은

Les menus de fêtes sont toujours copieux et évidemment très caloriques.

파티 메뉴는 늘 푸짐하고 당연히 아주 열량이 높다.

▸ **évidemment** ad. 확실히, 틀림없이, 당연히 / **calorique** a. 열량의, 열을 내는, 열량이 높은

verre
★

n. m. 유리, 컵, 글라스, 유리 용기

Boire un verre d'eau chaude stimule les mouvements de l'intestin.

따뜻한 물 한 잔을 마시는 것은 장의 움직임을 활발하게 한다.

▸ **stimuler** v. 자극하다, 활발하게 하다, 촉진하다 / **intestin** n. m. 장, 창자

bouteille
★

n. f. 병, 술병

Ramène une bouteille de vin rouge !

레드와인 한 병 가져와!

▸ **ramener** v. 데리고 돌아오다, 가지고 돌아오다

carafe
★★

n. f. 물병, 음료병

Il est possible de demander une carafe d'eau, c'est gratuit.

병에 담긴 물을 요청하는 것은 가능하고, 그것은 무료다.

▸ **gratuit(e)** a. 무료인

> **Tip** 프랑스 레스토랑에서 물을 주문할 때, 유료 물은 'une bouteille d'eau 판매용 생수 한 병', 무료 물은 'une carafe d'eau 물병에 담은 물 (주로 수돗물) 또는 'un verre d'eau 물 한 컵'이라고 말하면 된다.

sauce
★

n. f. 소스

La sauce tartare est recommandée pour accompagner le poisson.

생선에 곁들이기 위해 타르타르소스가 적합하다.

▸ **recommandé(e)** a. 추천된, 권장된, 바람직한 / **accompagner** v. (에)(을) 곁들이다

pourboire
★★

n. m. 팁

En France, le pourboire n'est pas obligatoire.

프랑스에서 팁을 주는 것은 의무가 아니다.

Bonus!
단어

🎯 les couverts et la vaisselle n. m. pl. 식탁 용구들 그리고 n. f. 식기류

fourchette	n. f. 포크
couteau	n. m. 나이프
cuillère (cuiller) *	n. f. 숟가락, 스푼
cuillère à soupe	n. f. 수프용 스푼
cuillère à café	n. f. 커피 스푼
baguettes	n. f. pl. 젓가락
assiette	n. f. 접시
tasse	n. f. 찻잔
verre	n. m. 컵
bol	n. m. 주발, 사발, (움푹 패인) 밥그릇
serviette	n. f. 냅킨

* cuillère (cuiller) 두 가지 형태가 존재한다. 발음은 [kɥijɛːʀ]이다.

🎯 goût n. m. 맛

sucré(e)	a. 단 n. m. 단맛
salé(e)	a. 짠 n. m. 짠맛
amer(ère)	a. 쓴 n. m. 쓴맛
acide	a. 신(syn. aigre) n. m. 신맛
pimenté(e)	a. 매운
piquant(e)	a. 톡 쏘는, 자극적인, 매운
épicé(e)	a. 양념을 한, 향신료를 넣은
doux(ce)	a. (맛이) 순한
fort(e)	a. (맛, 냄새가) 강한, 진한, 짙은, 매운

• 매운맛을 표현할 땐 'pimenté 매운, 고추 양념이 된' 외에도 좀 더 구어체에 가까운 'piquant 매운, 톡 쏘는'이 많이 사용된다. 항상 매운맛을 표현하는 것은 아니지만 양념이 많이 되었다는 의미에서 'épicé'를 사용하기도 한다.

연습문제

1 프랑스어 단어를 보고 적합한 의미를 찾아 선으로 연결해 보세요.

mets •   • (요리를) 익히기, 삶기, 굽기

gavage •   • (가금류) 강제 사육

cuisson •   • (접시에 담은) 요리

gastronomique •   • 식도락의, 미식법의

Jour
15

2 주어진 문장을 보고 빈칸에 알맞은 프랑스어 단어를 보기에서 골라 적어 보세요.

> **보기**   bouteille   plat   viande   formule

1   Quel est le _____ du jour ?
오늘의 요리는 무엇인가요?

2   Je vais prendre une _____ à 15 euros.
저는 15유로짜리 세트 메뉴 시킬게요.

3   Ramène une _____ de vin rouge !
레드와인 한 병 가져와!

4   La _____ fond dans la bouche.
고기가 입에서 살살 녹네.

3 주어진 우리말 단어를 보고 프랑스어로 적어 보세요.

1   메뉴판   _____

2   주문하다   _____

3   반찬, 곁들인 채소   _____

4   팁   _____

....

정답   **1** mets - (접시에 담은) 요리, gavage - (가금류) 강제 사육, cuisson - (요리를) 익히기, 삶기, 굽기, gastronomique - 식도락의, 미식법의
2 ① plat ② formule ③ bouteille ④ viande
3 ① carte ② commander ③ accompagnement ④ pourboire

🏛 집과 가구, 가전제품

💬
이불 밖은 위험해

저는 **intérieur** 실내에 있는 걸 좋아해요. 최근 독립해서 **habiter** 살고 있는데, 이곳은 5 **étage** 층 건물에 **ascenseur** 엘리베이터가 없어서 매일 **escalier** 계단을 힘겹게 오르내린답니다. 그래서인지 더욱 **chambre** 방 안에 머물러 있게 돼요. 주말에는 부모님이 계신 **maison** 집에 가는데, 넓은 **salon** 거실 소파에 누워 있으면 어찌나 평온한지 몰라요. 부모님은 항상 집을 멋지게 **entretenir** 유지하시고, 주변 **voisin** 이웃들도 친절해서 주말마다 힐링되는 기분이에요.

⭐
maison

n. f. 집, 주택, 가옥

Hier, je suis resté à la maison.
어제 나는 집에 있었다.

▸ **rester** v. 머무르다, (같은 장소에) 있다

⭐
habiter

v. 살다

J'habite près d'ici.
나 이 근처에 살아.

⭐
appartement

n. m. 아파트

J'ai vendu un appartement avec un petit balcon.
나는 작은 발코니가 있는 아파트를 하나 팔았다.

▸ **balcon** n. m. 발코니

⭐
chambre

n. f. 방, 침실

Il reste tout le temps enfermé dans sa chambre.
그는 항상 그의 방에 갇혀 있다.

▸ **tout le temps** 항상 / **enfermé(e)** a. 갇힌

---

meaning ★★
meuble

n. m. 가구, 비품, 동산

On n'a pas encore choisi de meubles pour la chambre.
우리는 아직 침실용 가구들을 고르지 않았다.

★
salle

n. f. (특정 용도의) 방, (공공 시설물의) 방, 실, 홀

Y a-t-il quelqu'un dans la salle de bain ?
욕실에 누구 있나요?

★
salon

n. m. (주택, 아파트의) 응접실, 살롱, (손님을 맞는 장소) ~실

Je connais un bon salon de coiffure.
나는 괜찮은 미용실을 하나 알고 있어.

Jour 16

★
véranda

n. f. 베란다

Vous pouvez utiliser votre véranda pour faire l'extension du salon.
거실 확장을 하기 위해 베란다를 활용하실 수도 있어요.

▸ **extension** n. f. 확장

★
entrée

n. f. 문, 입구, 출입구, (건물의) 홀, 현관

J'ai mis un grand miroir dans l'entrée.
나는 현관에 큰 거울을 하나 설치했다.

▸ **miroir** n. m. 거울

loger ★★

v. 묵다, 숙박하다 (se loger v. 살다, 거주하다)

Dans quel quartier de Marseille est-il préférable de loger ?
마르세유의 어느 동네가 숙박하기에 나은가요?

▸ **préférable** a. 더 나은, 더 바람직한

J'ai des difficultés à me loger.
나는 거주와 관련하여 어려움을 갖고 있다. (거주지를 찾는 데에 있어서 또는 금전적 이유로)

> **Tip** 'se loger'의 경우, '거주할 곳을 찾다'의 의미로 주로 사용되며 뉘앙스상 주어가 강조되는 효과를 갖는다.

résider ★★★

v. 거주하다, 주재하다, 상주하다

Le nombre de Sud-Coréens résidant en France augmente de plus en plus.
프랑스에 거주하는 남한 사람들의 수가 점점 더 증가하고 있다.

▸ **augmenter** v. 증가하다 / **de plus en plus** 점점 더

résidence ★★

n. f. 거주(지), 주재, (고관의) 관저, 공관

J'ai vécu dans une résidence étudiante située à proximité des universités.
나는 대학교들 근처에 위치한 학생 거주지에 살았다.

▸ **à proximité de** ~의 근처(가까이)에

villa ★★

n. f. 별장, 전원 주택

Cette villa au bord de la rivière accueille les vacanciers.
이 강가의 별장은 피서객을 받습니다.

▸ **rivière** n. f. 강, 하천 / **accueillir** v. 접대하나, 맞이하다 / **vacancier(ère)** a. 휴가의 n. 휴가 여행객, 피서객

sous-sol ★★

n. m. 지하(층), 지하실

Ça sent le renfermé dans le sous-sol.
지하실에서 곰팡내가 난다.

▸ **renfermé(e)** a. 안에 갇혀 있는 n. m. 곰팡내

cour ★

n. f. (벽, 건물 따위로 둘러싼) 안마당, 안뜰

Mon père a planté un pommier dans la cour.
나의 아버지가 안뜰에 사과나무를 하나 심었다.

▸ **planter** v. (나무, 풀 따위를) 심다, 모종을 내다 / **pommier** n. m. 사과나무

---

escalier ★

n. m. 계단

Prenez l'escalier.
계단으로 가세요.

étage ★

n. m. (건물의) 층

Montez au premier étage.
1층으로 올라오세요.

> **Tip** 프랑스에서는 한국식 1층을 rez-de-chaussée라고 부르고, 2층부터 'premier étage 1 층'이라고 부른다.

---

ascenseur ★★

n. m. 승강기, 엘리베이터

L'ascenseur est en panne pour l'instant.
엘리베이터는 현재 고장 난 상태다.

▸ **en panne** 고장 난

---

toilettes ★

n. f. pl. 화장실

La salle de bain est séparée des toilettes.
욕실은 화장실과 분리되어 있다.

---

pièce ★

n. f. 조각, 방

Un T3 est une habitation disposant de trois pièces.
T3은 세 개의 방을 가진 주거지이다.

▸ **disposer** v. 소유하다, 사용하다 / **habitation** n. f. 거주(하기), 주거, 거처, 집

> **Tip** T1, T2, T3... 등 T 뒤의 숫자는 화장실이나 욕실을 제외한 방의 개수를 나타낸다.

électroménager (ère)
★★

a. 가전 제품의 n. m. 가전 제품, 가전 산업

La garantie des pannes des appareils électroménagers dure 2 ans en moyenne après leur date d'achat.

가전 제품의 고장에 대한 보증은 평균적으로 구매일 이후 2년이다.

▸ **garantie** n. f. 보증 / **panne** n. f. 고장 / **appareil** n. m. 기계, 기구 / **durer** v. 지속되다, 계속되다

foyer
★★★

n. m. 가정, 가정 생활, (복수) 고향, 집

Elle avait toujours la charge mentale de devoir subvenir aux besoins du foyer.

그녀는 늘 가정의 생활비를 대야 한다는 정신적 부담감을 갖고 있었다.

▸ **charge** n. f. 짐, 부담, 책임 / **mental(e)** a. 정신의 / **subvenir à** ~의 비용을 대다, ~을(를) 원조(보조)하다 / **besoin** n. m. 필요, 욕구, (복수) 필수품, 생활비

voisin(e)
★

a. 이웃의, 인접한 n. 이웃(사람), 가까이 있는 사람

Mon voisin d'à côté fait trop de bruit le soir.

옆집의 내 이웃은 저녁에 너무 시끄럽게 한다.

▸ **à côté** 옆에 / **bruit** n. m. 소리, 소음

voisinage
★★

n. m. (집합적) 이웃 사람들, 가까운 곳, 주변, 이웃 지간, 이웃의 관계

Pour régler les conflits de voisinage, dans de nombreux cas, il suffit de discuter.

이웃 간 분쟁을 해결하기 위해, 많은 경우 이야기 나누는 것으로 충분하다.

▸ **régler** v. 해결하다, 지불하다 / **conflit** n. m. 분쟁, 충돌, 대립 / **discuter** v. 논의하다, 의견을 나누다

entretenir
★★

v. (같은 상태로) 유지(보존)하다, (좋은 상태로) 유지하다

Il entretient toujours sa maison qui est propre et rangée.

그는 항상 그의 집을 깨끗하고 단정한 상태로 유지한다.

▸ **rangé(e)** a. 정돈된, 정리된

chauffage
★★

n. m. 난방, 난방 방식, 난방 기구

La consommation en chauffage électrique représente plus de la moitié des dépenses d'énergie des Français.
전기 난방 소비는 프랑스인의 에너지 소비 절반 이상을 차지한다.

▸ **représenter** v. 나타내다, (수량에) 상당하다, (부분을) 점하다 /
dépense n. f. 지출, 비용, 소비

aménager
★★★

v. 정비(정돈)하다, 개조(개수)하다, 조성하다, 개조하다

Je projette d'aménager mes combles.
나는 다락방을 개조할 계획이다.

▸ **projeter** v. 계획하다 / **comble** n. m. 꼭대기, 지붕, (복수) 다락방

Jour
16

emménager
★★★

v. (새로운 집으로)이사 오다, 입주하다

Mon petit ami a emménagé chez moi.
내 남자 친구가 내 집으로 이사 왔어.

domicile
★★

n. m. 주거, 거처

En France, les généralistes effectuent de moins en moins de visites à domicile.
프랑스에서 일반의들은 방문 진료를 점점 덜 하고 있다.

▸ **généraliste** a. 종합 의학의 n. 일반의 / **effectuer** v. 실행하다, 행하다 / **visite** n. f. 방문, (의사의) 왕진, 회진 / **à domicile** 자택에서(으로)

sans-abri
★★★

n. (복수 불변) (재해로 인한) 집 없는 사람, 이재민, 노숙자

Le gouvernement de la Hongrie a décidé d'interdire aux sans-abris de dormir dans la rue.
헝가리 정부는 노숙자들이 길에서 자는 것을 금지하기로 결정했다.

▸ **interdire** v. 금지하다 / **gouvernement** n. m. 정부

★★★
squatter

v. (빈 집 따위를) 불법 점거(무단 입주)하다

Cette maison est squattée depuis des années.
이 집은 수 년 전부터 불법 점거되었다.

★
intérieur(e)

ant. extérieur
a. 밖의 n. m. 외부, 밖

a. 안의, 내부의 n. m. 안, 내부, 가정, 실내

On déplace tous les meubles dans le garage pour la rénovation intérieure de la maison.
우리는 집 내부의 개조를 위해 모든 가구들을 창고로 옮긴다.

▸ **déplacer** v. 옮겨 놓다, 이동시키다 / **garage** n. m. 차고, 주차장 / **rénovation** n. f. 개수, 개축, 개조

★★
électricité

n. f. 전기, 전력, 전기 시설

Comme je n'ai pas payé les factures depuis des mois, l'électricité a été coupée.
몇 달 전부터 청구서의 요금을 지불하지 않아서, 전기가 끊겼다.

▸ **facture** n. f. 청구서, 총 부담액 / **coupé(e)** a. 잘린, 중단된, 막힌

★★
bancal(e)

a. (가구가) 건들거리는, 덜걱거리는

Cette table est un peu bancale, mets un petit bout de papier.
이 테이블은 조금 덜걱거리네, 작은 종잇조각을 끼워 봐.

▸ **mettre** v. 놓다, 넣다, 붙이다 / **bout** n. m. 끝, 끄트머리, 조각

★★
moquette

n. f. 모케트, (방 전체에 까는) 양탄자

J'ai enlevé la vieille moquette abîmée et posé un parquet, c'est plus hygiénique et facile à nettoyer.
나는 낡고 손상된 양탄자를 제거하고 마루를 깔았다. 더 위생적이며 청소하기 쉽다.

▸ **abîmé(e)** a. 상한, 망가진 / **poser** v. 놓다, 위치시키다, 설치하다 / **parquet** n. m. 마루판 / **hygiénique** a. 위생의, 건강에 좋은

Bonus! 단어

🎯 meubles et linge de maison n. m. pl. 가구와 n. m. (침구 등의) 천류

armoire	n. f. 장롱, 옷장
commode	n. f. 서랍장
lit	n. m. 침대
tiroir	n. m. (책상 따위의) 서랍
bureau	n. m. 책상
chaise	n. f. 의자
placard	n. m. 벽장, 붙박이장
étagère	n. f. 선반
rangement	n. m. (물건 정리를 위한) 가구, 장롱
bibliothèque	n. f. 책장, 서가
canapé	n. m. 소파
table	n. f. 테이블
table basse	n. f. (주로 TV 앞에 두는) 낮은 테이블
miroir	n. m. 거울
lavabo	n. m. 세면대
évier	n. m. 싱크대
tapis *	n. m. 양탄자
moquette *	n. f. 양탄자
coussin	n. m. 쿠션
oreiller	n. m. 베개
couette	n. f. 이불
drap	n. m. 침대 커버

 * moquette는 바닥 전체에 (보통 장판 대신) 까는 양탄자, tapis는 부분적으로 까는 양탄자를 뜻한다.

Jour
16

◎ appareil électroménager   n. m. 가전제품

télévision	n. f. 텔레비전
machine à laver	n. f. 세탁기
lave-vaisselle	n. m. 식기세척기
micro-onde	n. m. 전자레인지
sèche-cheveux	n. m. 헤어드라이어
climatiseur	n. m. 에어컨
purificateur d'air	n. m. 공기 청정기
aspirateur	n. m. 청소기
luminaire	n. m. 조명 (기구)
ventilateur	n. m. 선풍기
grille-pain	n. m. 토스터
fer à repasser	n. m. 다리미

연습문제

1 프랑스어 단어를 보고 적합한 의미를 찾아 선으로 연결해 보세요.

sans-abri •   • 유지(보존)하다

entretenir •   • 이재민, 노숙자

voisin •   • 묵다, 숙박하다

loger •   • 이웃

2 주어진 문장을 보고 빈칸에 알맞은 프랑스어 단어를 보기에서 골라 적어 보세요.

| 보기 | escalier | entrée | résidence | voisin |

1 J'ai vécu dans une _____ étudiante située à proximité des universités.
나는 대학교들 근처에 위치한 학생 거주지에 살았다.

2 Prenez l'_____.
계단으로 가세요.

3 Mon _____ d'à côté fait trop de bruit le soir.
옆집의 내 이웃은 저녁에 너무 시끄럽게 한다.

4 J'ai mis un grand miroir dans l'_____.
나는 현관에 큰 거울을 하나 설치했다.

3 주어진 우리말 단어를 보고 프랑스어로 적어 보세요.

1 가구 _____

2 엘리베이터 _____

3 전기, 전력 _____

4 지하실 _____

정답

1 sans-abri - 이재민, 노숙자, entretenir - 유지(보존)하다, voisin - 이웃, loger - 묵다, 숙박하다

2 ① résidence ② escalier ③ voisin ④ entrée

3 ① meuble ② ascenseur ③ électricité ④ sous-sol

◀)) 17

🏛 집 구할 때 필수 어휘

💬
**이사를
가요**

먼저 살던 **studio** 원룸 **location** 임대 계약이 끝나 **déménagement** 이사를 하
게 되었어요. 어디로 갈까 고민하다 **agence immobilière** 부동산 앞에 붙어 있는
annonce 광고를 보고 **agent** 중개인과 찾아갔지요. **quartier** 동네도 아주 좋고,
loyer 집세도 저렴했어요. 게다가 **propriétaire** 집주인도 친절하고요. 맘에 쏙 들어
그날 바로 **bail** 임대차 계약을 진행했어요. 집주인에게 **caution** 보증금을 지불하
고, 중개소에 중개료 **commission**도 납부했지요. **meublé** 가구가 딸려 있고 부엌
équipé 설비도 갖춰져 있어 몸만 이동하면 될 것 같아요.

★
louer

v. 세놓다, 임대하다, 세내다

Je suis à la recherche d'un studio à louer.
나는 세를 놓은 원룸을 찾고 있다.

★★
propriétaire

n. 소유자, 임자, 집주인, 부동산 소유자

Le propriétaire d'un logement doit prendre en
charge les grosses réparations.
집주인은 중요한 수리에 대해 비용을 부담해야 한다.

▸ **prendre en charge** 비용을 부담하다, 책임을 지다 / **réparation**
n. f. 수리, 수선, 손질

★★
locataire

n. 세든 사람, 하숙인, 임차인

Mon locataire me paie son loyer par prélèvement
automatique.
나이 세입자는 자동 이체로 집세를 지불한다.

▸ **prélèvement automatique** n. m. 자동 이체

---

location
★★

n. f. 임대차, 셋집, 셋방, 렌트

Cette villa au pied de la montagne est en location.
산기슭의 그 별장은 임대 가능한 상태다.

▸ **villa** n. f. 별장, 전원주택, 호화 저택 / **au pied de la montagne**
산기슭에, 산 아래쪽에

Tip en location (syn. à louer) 임대 가능한

---

loyer
★

n. m. 세, 집세, 임대료

Je paie mon loyer par virement.
나는 송금을 통해 집세를 지불한다.

▸ **virement** n. m. 이체, 송금

---

annonce
★

n. f. 알림, 안내, 광고, 공고

J'ai déjà comparé plusieurs sites d'annonces de location.
나는 이미 임대 공고가 올라오는 여러 사이트들을 비교했다.

▸ **comparer** v. 비교하다

---

quartier
★

n. m. (도시의) 구, 가, 구역, 지구

C'est un quartier calme situé près d'une place où il y a une grande bibliothèque.
이곳은 대형 도서관이 있는 광장 근처에 위치한 조용한 동네.

▸ **situé(e)** a. 위치한

---

bâtiment
★

n. m. 건물

Cet espace était à l'origine un bâtiment industriel.
이 공간은 원래 공업용 건물이었다.

▸ **espace** n. m. 공간, 장소, (물체 사이의) 간격, 거리 / **industriel(le)**
a. 산업(공업)의 n. 기업가

immeuble

a. 부동산의 n. m. (여러 층으로 된) 건물, 빌딩, 아파트

Il n'y a pas d'ascenseur dans cet immeuble.
이 건물에는 엘리베이터가 없다.

> **Tip** bâtiment는 일반적으로 건물을 지칭하는 표현(단독 주택, 아파트, 빌딩 모두 포함)이며, immeuble는 여러 세대가 거주하거나, 여러 개의 사무실이 있는 건물(단독 주택 미포함)을 지칭하는 표현이다.

immobilier(ère)

a. 부동산의, 부동산을 다루는 n. m. 부동산, 부동산업

Les agences immobilières demandent des honoraires trop élevés.
부동산 중개소들이 너무 높은 사례금을 요구한다.

▸ **honoraires** n. m. pl. (의사, 변호사, 공증인 등 자유직 종사자의) 사례금, 보수

agent

n. m. (개인, 집단의) 대리인, 중개인, (공공 기관의) 직원

Un agent immobilier doit avoir des techniques particulières pour convaincre les clients.
부동산 중개인은 고객들을 설득하기 위한 기술을 갖춰야 한다.

▸ **technique** a. 전문적인, 기술적인 n. f. 기법, 기술(력) / **convaincre** v. 설득하다, 납득시키다

propriété

n. f. 소유, 소유권, 재산, 부동산

Adressez-vous à un notaire pour obtenir un titre de propriété.
부동산 등기 권리증을 얻기 위해서는 공증인에게 문의하세요.

▸ **s'adresser** v. (~에게) 말을 걸다, (~에게) 문의(신청)하다 / **notaire** n. m. 공증인 / **titre de propriété** n. m. 집문서, 부동산 등기 증서 (권리증), 토지 권리서

caution

n. f. 보증금, 담보, 보증, 보증인

Mon père s'est porté caution pour le prêt d'un ami.
나의 아버지는 친구의 융자에 보증을 섰다.

▸ **se porter caution pour** ~의 보증인이 되다 / **prêt** n. m. 대여, 대부, 융자

★★
déménagement

n. m. 이사, 이전, 이삿짐

On a loué un camion pour le déménagement.
우리는 이사를 위해 트럭을 빌렸다.

▸ **camion** n. m. 트럭

★
frais

n. m. pl. 경비, 지출, 비용

J'ai demandé l'aide de mes amis pour réduire des frais de déménagement.
나는 이사 비용을 줄이기 위해 친구들에게 도움을 요청했다.

▸ **réduire** v. 줄이다

★★
commission

n. f. 위임, 중개료, 수수료

J'ai économisé plusieurs centaines d'euros de commission en ne passant pas par une agence immobilière.
나는 부동산을 거치지 않아 중개료에서 수백 유로를 절약했다.

▸ **centaine** n. f. 100의 자릿수, 100개, 100개의 것, 약 100

★★
état

n. m. 상태, 사태, (상태, 상황을 기입한) 보고서, 표

L'appartement que vous allez visiter est en très bon état.
당신이 방문할 아파트는 아주 좋은 상태입니다.

L'état des lieux de sortie est aussi important que celui d'entrée.
퇴거 시 차가 현황서 작성은 입주 시의 그것과 동일하게 중요하다.

▸ **état des lieux** n. m. (임대차 계약할 때의) 차가 현황서

> **Tip** état des lieux d'entrée란 입주 시 임대인과 임차인이 함께 집의 상태를 점검, 확인하여 서류상으로 확인하는 절차를 말한다. état des lieux de sortie는 계약 종료 시 동일한 방식으로 진행한다.

★
mur

n. m. 담, 벽

J'ai un problème de moisissure sur un mur de ma chambre.
나는 방 벽에 곰팡이 문제가 있다.

▸ **moisissure** n. f. 곰팡이

★★
meublé(e)

ant. vide
a. 빈, 비어 있는

a. (셋집, 셋방이) 가구가 딸린, (필요한 것이) 갖추어져 있는 n. m. 가구가 딸린 아파트

Je cherche un studio meublé.
저는 가구가 갖추어져 있는 원룸을 찾아요.

★★
équipé(e)

a. 필요한 장비가 갖추어진

La cuisine est bien équipée.
부엌 설비가 잘 갖춰져 있다.

★★★
fuir

v. (물, 빛 따위가) 새다

Quand un robinet fuit, il faut tout d'abord couper l'eau.
수도꼭지에 누수가 있을 때는, 우선 물을 잠가야 해. (수도관을 잠가야 해.)

▸ **robinet** n. m. 수도꼭지, 밸브 / **couper** v. 자르다, 끊다, 차단하다, 중단하다

★★★
revêtement

n. m. (벽면 따위의) 내장 (공사), 외장 (공사), 외장재, 칠

Je veux changer de revêtement de mur.
나는 벽지를 바꾸고 싶어.

dégât
★★★

n. m. 피해, 손해

Vous serez indemnisé d'un dégât des eaux par votre assurance.

당신은 보험을 통해 수해 피해를 보상받을 겁니다.

▸ **indemniser** v. 보상(배상)하다 / **dégât des eaux** n. m. 수해, 물난리

accès
★

n. m. (장소로의) 접근, 들어가기, 출입

Personne n'est autorisé à entrer dans l'immeuble sans carte d'accès.

출입 카드 없이는 아무도 건물에 들어갈 수 없다.

▸ **autoriser** v. 허가하다

équipement
★★

n. m. 장비, 용구, 설비, 시설

Aucun équipement de cuisine n'est encore installé.

어떤 주방 설비도 아직 설치되지 않았다.

▸ **installé(e)** a. 배치된, 설치된

surface
★

n. f. 표면, 지면, 평면(적)

J'ai repeint le portail à cause de la rouille de surface.

표면의 녹 때문에 대문을 다시 페인트칠했다.

▸ **portail** n. m. (건물의) 대문 **rouille** n. f. 녹

charge
★

n. f. 짐, 하중, 책임 (복수) 부담금, 비용, 세금 부담

J'ai trouvé un appartement toutes charges comprises.

나는 모든 관리비가 포함된 아파트를 찾았다.

▸ **charges comprises** n. f. pl. (집세에) 관리비 포함

bail
★★★

n. m. 임대차, 임대차 계약(서), 세

Un contrat de bail verbal présente des inconvénients surtout pour le propriétaire.
구두 임대차 계약은 특히 집주인에게 불리한 점들을 갖고 있다.

▸ **verbal(e)** a. 구두의, 말로 하는 / **présenter** v. (모습, 양상을) 보이다, 나타내다 / **inconvénient** n. m. 지장, 위험, 불리한 점, 부정적인 측면, 어려움

colocation
★

n. f. 공동으로 세들기

Je suis en colocation avec d'autres étudiants.
나는 다른 학생들과 함께 공동으로 세들어 살고 있다.

studio
★

n. m. (방 하나로 된) 단칸 아파트, (예술가, 사진사의) 작업실, 스튜디오

Est-ce qu'il est toujours disponible, ce studio ?
여전히 그 원룸은 입주 가능한가요?

▸ **disponible** a. 사용할 수 있는, 처분할 수 있는

préavis
★★

n. m. 예고 (기간), (특히) 해약(해고)

Avant de quitter son logement, le locataire doit respecter un délai de préavis de 3 mois.
거주지를 떠나기 전에, 세입자는 3개월의 해약 예고 기일을 준수해야 한다.

▸ **quitter** v. (장소를) 떠나다, 나가다 / **respecter** v. 존경하다, 존중하다, 준수하다 / **délai** n. m. 기한, 기일

Bonus! 단어

🎯 location   n. f. 임대차

quittance	n. f. 월세 납입 영수증
sous-location	n. f. 전대차, 전차 계약
assurance habitation	n. f. 거주 보험
assurance responsabilité civile	n. f. 민사 책임 보험
bailleur (bailleresse)	n. 임대인, 세놓는 사람
colocataire	n. 공동 세입자
état des lieux d'entrée	n. m. 임대차 계약 시 차가 현황서
état des lieux de sortie	n. m. 임대차 종료 시 차가 현황서

Jour 17

연습문제

1 프랑스어 단어를 보고 적합한 의미를 찾아 선으로 연결해 보세요.

propriétaire •   • (물, 빛 따위가) 새다

agent •   • 중개료, 수수료

fuir •   • 집주인, 소유자

commission •   • 대리인, 중개인

2 주어진 문장을 보고 빈칸에 알맞은 프랑스어 단어를 보기에서 골라 적어 보세요.

> **보기** ascenseur   loyer   meublé   déménagement

1 Je paie mon _____ par virement.
나는 송금을 통해 집세를 지불한다.

2 Il n'y a pas d' _____ dans cet immeuble.
이 건물에는 엘리베이터가 없다.

3 On a loué un camion pour le _____.
우리는 이사를 위해 트럭을 빌렸다.

4 Je cherche un studio _____.
저는 가구가 갖추어져 있는 원룸을 찾아요.

3 주어진 우리말 단어를 보고 프랑스어로 적어 보세요.

1 (해약) 예고 _____

2 필요한 장비가 갖추어진 _____

3 보증금 _____

4 세놓다, 임대하다 _____

....

정답
1 propriétaire - 집주인, 소유자, agent - 대리인, 중개인, fuir - (물, 빛 따위가) 새다, commission - 중개료, 수수료
2 ① loyer ② ascenseur ③ déménagement ④ meublé
3 ① préavis ② équipé ③ caution ④ louer

파리의 숨겨진 이야기

1 'pont neuf 퐁뇌프'는 'neuf 새로운' 'pont 다리'라는 이름을 가졌지만 사실 가장 오래된 다리로, 17세기에 만들어졌습니다. 당시의 다리들은 인도가 따로 없어 마차를 끄는 말똥으로 도로가 더러워지기 일쑤였는데, 보도를 따로 설치한 퐁뇌프를 건널 땐 똥 밟을 걱정 없이 쾌적하게 산책할 수 있었지요.

2 1923년까지는 센강에서 수영하거나 몸을 담글 수 있었다고 합니다. 꽤 많은 사람들이 더운 날씨에 수영을 했고, 심지어 17세기에는 나체 수영이 유행이었습니다. 게다가, 'laveur de chien 강아지 목욕원'이라는 직업이 있어 목욕원들은 센강에서 강아지를 씻기고 미용을 시키기도 했는데, 이 직업은 무려 20세기 초반까지 존재했습니다.

3 파리에는 1903곳의 기념물과 173곳의 박물관이 있습니다. 파리를 여러 번 방문했거나 파리에서 오래 살았다 해도, 아직 안 가 본 곳이 있을 거예요.

4 파리의 지하에는 'Station fantôme du métro 유령 지하철역'이 14곳 있습니다. 대부분은 2차 세계 대전 초반에 사용을 중지하였고, 현재 영화 촬영장이나 거리 예술가들의 그래피티 작업실 등으로 쓰입니다. 영화 '아멜리에'나 '사랑해, 파리'의 지하철 장면도 Porte des lilas-cinéma라는 유령 지하철 역에서 간판을 교체하여 촬영했습니다.

5 파리의 가장 오래된 까페는 6구에 위치한 'Le Procope 르 프로코프'로, 무려 1686년도에 오픈했습니다.

6 나폴레옹이 오스테를리츠 전투에서 승리한 후 그를 기념하기 위해 개선문을 건축하도록 했습니다. 그런데 개선문을 짓기 전 나폴레옹은 아치 형태의 문이 아닌 대형 코끼리 동상을 세울까 고민했다고 합니다. 다행히도 생각을 바꿔 지금의 개선문을 완성했습니다. 그러나 코끼리 동상에 미련을 버리지 못한 나폴레옹은 바스티유에 24미터 크기의 코끼리 동상을 설치하게 했습니다. 우스운 것은 코끼리 동상 내부에 쥐가 들끓어 인근 주민들은 철거를 탄원했고 1846년에 결국 철거되었습니다.

Chapitre

5

세상
돌아가는 일

🗼 계절, 날씨

💬

**봄이
사라지고
있어요**

제가 가장 좋아하는 **saison** 계절은 바로 **printemps** 봄이에요! 너무 **chaud** 덥지도 **froid** 춥지도 않기 때문이죠. 따뜻한 햇살에 가벼운 옷차림으로 밖에 나가면 정말 기분이 좋아요. 하지만 요즘은 **changement climatique** 기후 변화 때문일까요? 봄이 점점 짧아지는 것 같아요. **glacial** 얼음 같은 **hiver** 겨울이 지나가자마자 **transpirer** 땀이 뻘뻘 나는 **été** 여름이 찾아오죠. **canicule** 폭염은 갈수록 심해지고, 곳곳에서 **inondation** 홍수와 같은 **intempérie** 악천후 소식이 들려오고요. 그 와중에 **météo** 기상 예보는 제대로 맞는 날이 드물죠.

★
saison

n. f. 계절, 철, (기후 상의) 시기, 시즌

Il y a quatre saisons dans l'année : le printemps, l'été, l'automne et l'hiver.
1년에는 봄, 여름, 가을, 겨울 사계절이 있다.

★
printemps

n. m. 봄

Au printemps, le jardin des plantes se couvre de millions de fleurs.
봄에는 식물원이 수백만의 꽃들로 뒤덮인다.

▸ **jardin** n. m. 정원 / **se couvrir** v. (~으로) 뒤덮이다, 가득하다

★
été

n. m. 여름

On passe des moments relaxants au bord de la mer pendant les vacances d'été.
우리는 여름 휴가 동안 바닷가에서 편안한 시간을 보낸다.

▸ **relaxant(e)** a. 긴장을 풀어 주는, 편안한 / **au bord de** ~가에서 / **vacance** n. f. 공석, 공백, (복수) 바캉스, 휴가, 방학

★
estival(e)

ant. hivernal(e)

a. 여름의, 피서의

Le tarif des chambres d'hôtel est assez élevé durant la saison estivale.

여름철에는 호텔 방 가격이 꽤 높다.

▸ **tarif** n. m. 가격, 요금 / **chambre** n. f. 방, 침실 / **élevé(e)** a. 높은, 고급의 / **durant** ~동안에

★
automne

n. m. 가을

En automne, on aime se balader sur les feuilles mortes.

가을에 우리는 낙엽 위로 산책하는 것을 좋아한다.

★
hiver

n. m. 겨울

J'ai acheté une nouvelle doudoune pour cet hiver.

나는 이번 겨울을 위해 새로운 패딩을 하나 샀다.

▸ **doudoune** n. f. 패딩 점퍼

Jour
18

★
météo

n. f. 기상학, 일기 예보

La météo prévoit une vague de froid intense sur tout le pays.

일기 예보는 전국적으로 강력한 한파를 예측한다.

▸ **prévoir** v. 예견하다, 예상하다 / **vague de froid** n. f. 한파 / **intense** a. 강력한

★
temps

n. m. 시간, 때, 기간, 날씨

Tu as du temps à me consacrer ?

너 나에게 시간 좀 내 줄 수 있어?

▸ **consacrer** v. (~을)(~에) 할애하다, 내 주다

Quel temps fait-il à Bordeaux ?

보르도 날씨는 어때?

★★★
canicule

n. f. **삼복, 한여름, 혹서, 폭염**

Jusqu'à mi-août, il y a encore des canicules.
8월 중순까지는 폭염 (기간)이다.

▸ **mi-달** ~월 중순

★
chaud(e)

a. **따뜻한, 뜨거운** n. m. **뜨거움, 따뜻함, 더위**

Tu as chaud ?
너 덥니?

★★
chaleur

n. f. **(물체의) 열(기), 더위**

Quelle chaleur !
어찌나 더운지!

★★★
transpirer

syn. suer

v. **땀을 흘리다**

Je transpire des mains.
나 손에 땀이 나.

★
froid(e)

a. **찬, 차가운** n. m. **냉기, 한기, 추위, 오한, 전율**

Couvre-toi bien, tu vas attraper froid !
몸을 잘 감싸, 너 감기 걸릴 거야!

▸ **se couvrir** v. 옷을 입다, 몸에 걸치다, (으로) 몸을 지키다 / **attraper** v. (병 따위에) 걸리다

glacial(e)
★★

a. 얼음처럼 차가운, 혹한의

Dès la semaine prochaine il va faire plus froid en raison de l'air glacial venant de Russie.

다음 주부터 러시아에서 온 몹시 차가운 공기 때문에 더 추워질 것입니다.

▸ **dès** ~부터 / **en raison de** ~때문에

tempête
★

n. f. 폭풍우, 돌풍, (바다의) 격심한 풍랑

Il y a eu une grosse tempête de neige.

커다란 눈보라가 있었다.

> **Tip** 'tempête 폭풍우', 'tempête de neige 눈보라', 'tempête de sable 모래 폭풍'도 알아 두자.

neiger
★

v. 눈이 오다

Il a neigé toute la nuit.

밤새 눈이 왔다.

nuageux(se)
★

a. 구름이 낀, 흐린, 구름의

Le lever du soleil était magnifique malgré un ciel nuageux.

구름 낀 하늘에도 불구하고 일출은 매우 아름다웠어.

▸ **lever du soleil** n. m. 일출 / **magnifique** a. 웅장한, 장엄한, 매우 아름다운, 멋진 / **malgré** ~에도 불구하고 / **ciel** n. m. 하늘

pleuvoir
★

v. 비가 오다

Il ne cesse de pleuvoir.

비가 그치지 않는다.

▸ **cesser de** v. 멈추다, 그치다

torrent
★★

n. m. 급류, 격류, (비유) 쏟아부음, 매우 많은 양

La pluie tombe à torrents.
비가 억수로 쏟아진다.

pluvieux(se)
★★

a. 비의, 비가 많이 오는

L'Indonésie est un pays pluvieux.
인도네시아는 비가 많이 오는 나라다.

parapluie
★

n. m. 우산

Prends ton parapluie !
네 우산 챙겨!

averse
★★

n. f. 소나기, 폭우

As-tu déjà vu un arc-en-ciel après une averse ?
너 소나기 후에 무지개 본 적 있니?

▸ arc-en-ciel n. m. 무지개

intempérie
★★★

n. f. 악천후, 혹독한 기후, 기후의 불순

Suite aux intempéries d'hier soir, les pompiers sont intervenus pour recenser les besoins des habitants.
어제 저녁의 악천후 이후, 소방관들이 주민들의 필요 사항을 조사하기 위해 출동했다.

▸ suite n. f. (다음에) 계속되는 것, 후속, 연속 / intervenir v. 개입하다, 활동을 개시하다, 출동하다 / recenser v. (인구 따위를) 조사하다, 집계하다

★★★
inondation

n. f. 홍수, 물난리, 침수

Coupez immédiatement l'électricité et le gaz en cas d'inondation.

홍수 시에는 즉시 전기와 가스를 차단하세요.

▸ **couper** v. 자르다, 끊다, 차단하다 / **en cas de** ~의 경우에

★★
verglas

n. m. (땅 위의) 빙판

Attention au verglas !

빙판길을 주의하세요!

★★★
avalanche

n. f. 눈사태

Plus de 50 personnes ont perdu la vie dans une avalanche de neige cette année.

올해 눈사태로 50명 이상이 목숨을 잃었다.

▸ **perdre** v. 잃다 / **neige** n. f. 눈

★★
saison de pluies

syn. mousson

n. f. 장마

En Indonésie, la saison des pluies s'étend de novembre à mars.

인도네시아의 장마철은 11월에서 3월까지이다.

▸ **s'étendre** v. 퍼지다, 펼쳐지다, 차지하다

★
brouillard

syn. brume n. f. 안개, 바다 안개

n. m. 안개

Il y a du brouillard.

안개가 꼈다.

se dissiper
★★

v. 흩어지다, 사라지다

La brume se dissipe.
안개가 걷힌다.

---

grêle
★

n. f. 우박

Il est très difficile de prévoir les orages de grêle.
우박 폭풍을 예견하는 것은 매우 어렵다.

▸ **orage** n. m. (흔히 강풍을 수반하는) 뇌우, (천둥, 번개 치는) 폭풍우

---

faire
★

v. (비인칭, 날씨) (날씨가) ~하다

Il fait beau.
날씨가 좋다.

---

climat
★★★

n. m. 기후, 풍토

La France possède un climat tempéré avec des hivers assez doux et des étés relativement frais.
프랑스는 겨울은 적당히 춥고 여름은 꽤 시원한, 온화한 기후를 갖고 있다.

▸ **posséder** v. 가지다, 점유하다 / **tempéré(e)** a. (기후가) 온화한 / **relativement** ad. 비교적, 상당히, 꽤

---

climatique
★★★

a. 기후의, 풍토의

Les pays africains ressentent déjà les effets visibles du changement climatique.
아프리카 국가들은 이미 눈에 보이는 기후 변화의 영향을 느끼고 있다.

▸ **changement climatique** n. m. 기후 변화 / **ressentir** v. (감정을 강하게) 느끼다, 감동하다, 괴로워하다

★ tonnerre

n. m. 천둥, 우레와 같은 소리

La foudre se compose de l'éclair et du tonnerre.
벼락은 번개와 천둥으로 구성된다.

▸ **foudre** n. f. 벼락 / **se composer** v. 구성되다, 이루어지다 / **éclair** n. m. 번개, 번갯불, 섬광

★ humide

ant. sec(sèche)
a. 메마른, 건조한

a. 축축한, 습한, 습도가 높은

Je n'arrive pas à m'habituer à ce climat humide et lourd.
나는 이런 습하고 갑갑한 기후에 적응이 안된다.

▸ **s'habituer** v. 익숙해지다, 길들다 / **lourd(e)** a. 무거운, (분위기, 날씨 따위가) 갑갑한, 짓누르는 듯한

★ réchauffement

n. m. 데우기, 가열, 온난화

Le réchauffement de la planète est un problème mondial.
지구 온난화는 세계적인 문제이다.

▸ **mondial(e)** a. 세계의, 세계적인

Jour 18

★ température

n. f. 기온, 온도, 체온, 열

Les températures resteront inférieures à zéro même pendant la journée.
기온은 낮에도 0도 미만에 머무를 것입니다.

▸ **inférieur(e)** a. 아래의, 낮은, 적은

Bonus! 단어

adjectifs du temps n. m. pl. 날씨 형용사

beau	a. 아름다운
mauvais	a. 나쁜
froid	a. 추운
chaud	a. 더운
doux	a. 온화한
frais	a. 시원한
gris	a. 흐린, 회색의

Tip
- 날씨를 말할 때 'Il fait+형용사' 구조로 사용한다.

연습문제

1 프랑스어 단어를 보고 적합한 의미를 찾아 선으로 연결해 보세요.

mousson   •   •   빙판

verglas   •   •   기후

climat   •   •   기온, 온도

température •   •   장마

2 주어진 문장을 보고 빈칸에 알맞은 프랑스어 단어를 보기에서 골라 적어 보세요.

보기	averse froid réchauffement pleuvoir

1 Couvre-toi bien, tu vas attraper _____ !
몸을 잘 감싸, 너 감기 걸릴 거야!

2 Il ne cesse de _____ .
비가 그치지 않는다.

3 Le _____ de la planète est un problème mondial.
지구 온난화는 세계적인 문제이다.

4 As-tu déjà vu un arc-en-ciel après une _____ ?
너 소나기 후에 무지개 본 적 있니?

3 주어진 우리말 단어를 보고 프랑스어로 적어 보세요.

1 봄 _____

2 시간, 날씨 _____

3 폭염 _____

4 땀을 흘리다 _____

정답
1 mousson - 장마, verglas - 빙판, climat - 기후, température - 기온, 온도
2 ① froid ② pleuvoir ③ réchauffement ④ averse
3 ① printemps ② temps ③ canicule ④ transpirer

⚐ 숫자, 시간

💬

**숫자에
좀 약해요**

예전부터 **mathématiques** 수학을 잘하는 사람들이 부러웠어요. 전 **chiffre** 숫자에 좀 약하거든요. 어릴 때부터 **nombre** 개수를 **compter** 세는 것도 자주 틀리고, 전화 **numéro** 번호는 제대로 외워 본 적이 없죠. 지금 제가 **statistique** 통계 관련 회사에 다니면서 지표의 **hausse** 상승이나 **pourcentage** 퍼센티지를 계산하고, 숫자들을 **convertir** 환산하는 일을 한다면 못 믿을 사람이 많을 거예요. 하지만 왜 아직도 **montre** 시곗바늘은 잘 못 읽는 건지! 오늘도 약속 **heure** 시간에 늦어 버렸지 뭐예요.

★
chiffre

n. m. 숫자, (숫자로 나타낸) 수, 총계, 총액

Ce chiffre n'est pas négligeable.
이 수치는 무시할 수 없다.

▶ **négligeable** a. 무시해도 좋은, 하찮은

★
numéro

n. m. 번호, 전화번호, 번지수, 방 번호

Quel est ton numéro de téléphone ?
너 전화번호가 뭐야?

★★
nombre

n. m. 수, 개수

Le nombre de fumeurs dans le monde a baissé significativement.
세계 흡연 인구의 수는 현저히 감소했다.

▶ **fumeur(se)** n. 흡연자 / **baisser** v. 감소하다 /
significativement ad. 현저히

> **Tip** chiffre는 0~9까지의 숫자로, 알파벳과 같은 개념이지만 nombre와 의미상 혼용해서 사용하기도 한다. nombre는 사람이나 사물의 숫자 등 그룹의 총합을 나타내고, numéro는 전화번호나 번지수 등 일련번호를 나타낸다.

---

augmenter
★★

ant. baisser
v. 낮추다, 낮아지다

v. 증가하다, 증가시키다, (값이) 오르다

Mon salaire va augmenter l'année prochaine.
내 월급은 내년에 오를 것이다.

---

hausse
★★★

ant. baisse
n. f. 감소, 낮아짐, 하락

n. f. 상승, (가격 따위의) 오름, 인상

Le prix de l'or est à la hausse.
금값이 상승세이다.

▸ **à la hausse** 상향, 오르는 (ant. à la baisse 하향)

---

compter
★★

v. 세다, 헤아리다, 셈에 넣다

Fermez les yeux et comptez jusqu'à 10.
눈을 감으십시오, 그리고 10까지 세십시오.

---

plus
★

n. m. (수학) 플러스(덧셈) 기호 ad. 더, 더 많이

Un plus deux égale trois.
일 더하기 이는 삼이다.

▸ **égaler** v. 필적하다, 같다

---

mathématique
★

a. 수학의, 수학적인 방법의 n. f. (흔히 복수) 수학

Je suis bon en mathématiques.
나는 수학을 잘한다.

▸ **être bon(ne) en+과목명** ~을(를) 잘하다, ~에 뛰어나다

---

multiplier
★

2×1=2 3×1=3
2×2=4 3×2=6
2×3=6 3×3=9
⋮　　⋮

곱하다, 증가시키다

Multipliez trois par huit
3에 8을 곱하다

soustraction
★★

n. f. (수학) 뺄셈, 감법, 감산

Il suffit de faire une soustraction.
뺄셈만 하면 돼.

▸ **suffire** v. 충분하다, 족하다

diviser
★

v. 나누다

On a divisé une tarte au citron en 3 morceaux.
우리는 레몬 타르트 한 개를 세 조각으로 나누었다.

▸ **morceau** n. m. 한 조각, 단편, 조각

pourcentage
★

n. m. 퍼센티지, 백분율

Je calcule le pourcentage.
나는 퍼센티지를 계산한다.

▸ **calculer** v. 계산하다

proportion
★★

n. f. 비율, 비례, 비례식, 균형

Il existe une proportion idéale pour dessiner le corps humain.
인간의 신체를 그리기 위한 이상적인 비율이 있다.

▸ **dessiner** v. 데생(소묘)하다, 선으로 그리다

somme
★★★

n. f. 합, (비유) 합계, 총계, 금액, 막대한 금액

J'ai investi une grosse somme d'argent.
나는 막대한 금액의 돈을 투자했다.

▸ **investir** v. 투자하다

statistique
★★★

a. 통계의, 통계상의, 통계학의 n. f. 통계, 통계표, 통계학

Notre équipe a tiré une conclusion des statistiques.
우리 팀은 통계 자료들에서 하나의 결론을 도출했습니다.

▸ **tirer** v. (결론을) 끌어내다, 잡아당기다 / **conclusion** n. f. 결론

quantité
★★

n. f. 양, 분량, 수량

Quelle quantité de liquide peut-on transporter dans l'avion ?
얼만큼의 양의 액체를 비행기로 운송할 수 있나요?

▸ **liquide** a. 액체의 n. m. 액체, 현금 / **transporter** v. 운송하다

convertir
★★★

v. (다른 단위로) 전환(환산)하다

Tu devras convertir les miles en kilomètres.
마일을 킬로미터로 환산해야 할 거야.

▸ **mile** n. m. 마일

supplémentaire
★

a. 추가의, 보충의

En cas de travail supplémentaire, l'employé a droit à un supplément de salaire.
추가 근무를 하는 경우 직원은 추가금을 받을 권리가 있다.

▸ **avoir droit à** ~을(를) 받을 권리가 있다 / **supplément** n. m. 추가(분), 보충(분), 할증(추가) 요금

Jour 19

heure
★

n. f. 시간, (시계의) 시, 시각

Quelle heure est-il ?
몇 시죠?

pile
★★

ad. (시간 표현과 함께) 정확하게, 마침, 때맞춰

Il est neuf heures pile.
9시 정각이다. (정확하게 9시다.)

minute
★

n. f. 분, 순간

Je te rappelle dans dix minutes.
내가 너에게 10분 뒤에 전화할게.

seconde ★

n. f. (시간, 각도의) 초, 순간, 잠깐

Attendez une seconde.
잠시만 기다려 주세요.

---

montre ★

n. f. 시계

Ma montre retarde un peu.
내 시계가 살짝 느려.

▸ **retarder** v. (시계가) 늦다, 늦게 가다

---

midi ★

n. m. 정오, 낮 12시, 점심때

Tu as déjà faim ? Il n'est même pas encore midi.
너 벌써 배고파? 아직 12시도 안 됐어.

---

minuit ★

n. m. 자정, 밤 12시, 한밤, 심야

Je dois rentrer avant minuit.
나는 자정 전에 들어가야 해.

---

demi(e) ★★

a. (절)반의 n. f. 절반

La réparation va durer une demi-heure.
수리는 30분 걸릴 겁니다.

▸ **réparation** n. f. 수리

> **Tip** demi는 명사 앞에서 접두사로 쓰이면 변화하지 않지만, 명사 뒤에서 et demi의 형식으
> 로 쓰일 땐 명사와 같은 성의 단수 명사로 간주한다.
> ⓔ Il est une heure et demie. 1시 반이다.
> Elle va rester à Londres pour un mois et demi.
> 그녀는 한 달 반 동안 런던에 머무를 예정이다.

---

quart ★

♩♩

n. m. 4분의 1, 15분

Il est 3 heures moins le quart.
2시 45분이다(3시 되기 15분 전이다.)

★

perdre

v. (재산, 소유물을) 잃다, 상실하다, 손해 보다

Elle perd son temps avec lui.
그녀는 그와 시간을 낭비하고 있다.

★★

pontuel(le)

a. 시간을 잘 지키는, (의무 이행에) 어김없는, 성실한

Elle est très ponctuelle.
그녀는 시간을 매우 잘 지킨다.

★

avance

n. f. 전진, (시간, 공간) 앞섬

Je suis arrivé en avance au rendez-vous.
나는 약속 시간보다 일찍 도착했다.

▸ **en avance** (예정보다) 일찍, 미리 / **rendez-vous** n. m. 약속

> **Tip** en avance는 '정해진 시간보다 일찍, 미리 일어난 동작을 표현할 때 사용하고, à l'avance는 '사전에' 값을 치르거나, '미리' 알아차리는 등 확실하게 정해진 시간과 관련 없는 표현에서 주로 사용된다.

★★

remettre

v. 다시 놓다, 미루다, 연기하다

Est-ce qu'on peut remettre ça à plus tard ?
우리 이거 나중으로 미룰 수 있을까?

Jour 19

★★★

montant

n. m. 총액, 합계, 금액

Quel sera le montant de ma retraite ?
제 퇴직 연금 금액이 얼마일까요? (얼마나 나올까요?)

▸ **retraite** n. f. 퇴직, 퇴직 연금

★

horaire

a. 시간의 n. m. 업무 시간, 영업 시간, 일정표, (노동법의) 노동 시간

Quels sont les horaires d'ouverture ?
오픈 시간이 어떻게 되나요?

▸ **ouverture** n. f. 열기, 열림, 개시

Bonus! 단어

◎ mathématiques   n. f. pl. 수학

addition	n. f. 덧셈
soustraction	n. f. 뺄셈
multiplication	n. f. 곱셈
division	n. f. 나눗셈
fraction	n. f. 분수
numérateur	n. m. 분자
dénominateur	n. m. 분모
nombre cardinal	n. m. 기수
nombre ordinal	n. m. 서수

◎ unité   f. 단위

mètre	n. m. 미터
litre	n. m. 리터
millimètre	n. m. 밀리미터
centimètre	n. m. 센티미터
kilogramme	n. m. 킬로그램
centilitre	n. m. 센티리터
mètre carré	n. m. 제곱미터

🎯 nombre cardinal   m. 숫자

zéro	0	dix	10
un	1	onze	11
deux	2	douze	12
trois	3	treize	13
quatre	4	quatorze	14
cinq	5	quinze	15
six	6	seize	16
sept	7	dix-sept *	17
huit	8	dix-huit **	18
neuf	9	dix-neuf ***	19

Tip 발음에 주의해야 할 숫자들

*   dix-sept [di(s)sɛt]

**   dix-huit [dizɥi(t)]

***   dix-neuf [diznœf]

vingt	20	cinquante	50
vingt-et-un	21	cinquante-et-un	51
vingt-deux	22	cinquante-deux	52
vingt-trois	23		
trente	30	soixante	60
trente-et-un	31	soixante-et-un	61
trente-deux	32	soixante-deux	62
quarante	40	soixante-dix	70
quarante-et-un	41	soixante-et-onze	71
quarante-deux	42	soixante-douze	72
quatre-vingts	80	quatre-vingt-dix	90
quatre-vingt-un	81	quatre-vingt-onze	91
quatre-vingt-deux	82	quatre-vingt-douze	92

cent	100	cent-vingt	120
deux-cents	200	deux-cent-quarante	240
trois-cents	300	trois-cent-soixante	360
mille	1 000	un million	1 000 000
dix-mille	10 000	dix-millions	10 000 000
cent-mille	100 000	cent-millions	100 000 000
		un milliard	1 000 000 000
		dix-milliards	10 000 000 000

연습문제

1 프랑스어 단어를 보고 적합한 의미를 찾아 선으로 연결해 보세요.

hausse •   • 시간을 잘 지키는

pontuel •   • (수를) 세다

compter •   • 합, 합계

somme •   • 상승

2 주어진 문장을 보고 빈칸에 알맞은 프랑스어 단어를 보기에서 골라 적어 보세요.

> **보기**   somme   horaires   avance   quart

1 J'ai investi une grosse _____ d'argent.
나는 막대한 금액의 돈을 투자했다.

2 Il est 3 heures moins le _____.
2시 45분이다.

3 Quels sont les _____ d'ouverture ?
오픈 시간이 어떻게 되나요?

4 Je suis arrivé en _____ au rendez-vous.
나는 약속 시간보다 일찍 도착했다.

3 주어진 우리말 단어를 보고 프랑스어로 적어 보세요.

1 양 _____

2 숫자, 수 _____

3 증가하다 _____

4 다시 놓다, 연기하다 _____

정답
1 hausse - 상승, pontuel - 시간을 잘 지키는, compter - (수를) 세다, somme - 합, 합계
2 ① somme ② quart ③ horaires ④ avance
3 ① quantité ② chiffre ③ augmenter ④ remettre

🔊 20

🗼 날짜, 공휴일

💬 **연말은 즐겁게**

프랑스에서 여러 *jour férié* 공휴일들 중 최고의 휴일을 꼽자면 바로 크리스마스일 거예요! *année* 연말 분위기 물씬~ 나게 집안을 꾸미고, 크리스마스 *veille* 전날에는 모든 가족들이 모여 *réveillon de Noël* 크리스마스 특별 만찬을 즐긴답니다. 거의 *fête* 축제 분위기라고 볼 수 있을 정도예요. 곧 새해가 밝아 오는 12월 31일에는 마지막 카운트다운을 하고 모두 '*Bonne année !* 새해 복 많이 받아!'라고 외치며 행복을 기원한답니다. 참, 새 *agenda* 다이어리에 예쁜 글씨로 *annuel* 연간 *événement* 행사들, 기념일들을 적는 재미도 쏠쏠해요.

⭐
date

n. f. **날짜, 연월일, 정해진 날짜**

Quelle est la date de sortie du film ?
그 영화 개봉일이 언제야?

▸ **sortie** n. f. 외출, 출구, (영화) 개봉

⭐
jour

n. m. **하루, 날, 낮, 요일, (특정한) 날, 하루**

Quel jour sommes-nous ?
오늘 무슨 요일이니?

⭐
journée

n. f. **(아침부터 저녁까지의) 하루, 낮 동안, (특정한) 날, 하루**

Bonne journée !
좋은 하루 보내!

⭐
calendrier

n. m. **달력, 캘린더, 일정표**

Je note tous mes rendez-vous dans le calendrier.
나는 모든 약속들을 달력에 메모한다.

▸ **noter** v. 적어놓다, 메모하다 / **rendez-vous** n. m. 만날 약속, 회합

★★

férié(e)

a. 축제일(공휴일)로 정해진

Aujourd'hui, c'est un jour férié !
오늘은 공휴일이야!

★

semaine

n. f. 주, 1주간, 7일간, 평일

On se revoit la semaine prochaine ?
우리 다음 주에 다시 봐?

★

mois

n. m. 달, 월, 한 달, 1개월

Ce mois-ci, il y a beaucoup de nouveautés au cinéma.
이번 달에는 영화관에 신작들이 꽤 있다.

▸ **nouveauté** n. f. 새로움, 새로운 것, (영화 따위의) 신작, 신제품, 신간서

★

an

n. m. 연, 해, 연간, (나이) ~살

J'ai 22 ans.
나는 22살이다.

★

année

n. f. 해, 연, 1년, 학년

Bonne année !
새해 복 많이 받아!

> **Tip** an은 시간의 단위로서 1년을 의미하는데, 품질 형용사로 수식하지 않고 기수사와 결합하여 사용한다. 품질 형용사란 bon과 같은 일반적인 형용사를 뜻하고, 기수사는 수 형용사(un, deux, trois...)를 뜻한다. année는 기간으로서의 1년을 의미하며 다양한 한정사나 형용사를 동반하여 사용한다. 한정사란 명사의 의미를 한정시키는 정관사(le, la, les), 부정 관사(un(e), des), 부분 관사(du, de la...)를 의미한다. 단, 구별 없이 관용적으로 혼용되어 쓰이기도 한다.

anniversaire
★

a. 기념일의, 생일의 n. m. 기념일, 생일

Joyeux anniversaire !
생일 축하해! (즐거운 생일!)

▶ **joyeux(se)** a. 즐거운, 기쁜

commémoration
★★★

n. f. 기념, 추도, 기념제

À l'occasion de la journée de commémoration nationale, le Premier ministre a prononcé un discours.
국가 기념일을 맞이하여, 수상은 연설을 했다.

▶ **à l'occasion de** ~을(를) 맞이하여, ~을(를) 계기로 / **national(e)**
a. 나라의, 국가의, 민족의 / **prononcer** v. 발음하다, (말, 연설을) 하다

honorer
★

v. 존경하다, 영광스럽게 하다, (죽은 자를) 기리다

Le Parlement a honoré l'ancien président de la République pour ses efforts.
국회는 전 대통령을 기리고 그의 노력에 대해 치하했다.

▶ **Parlement** n. m. 의회, 국회 (상원과 하원)

hommage
★★★

n. m. 경의, 존경, 감사

Il a fait un petit discours pour rendre hommage à son père.
그는 그의 아버지를 기리기 위해 짧은 연설을 했다.

▶ **rendre hommage à** ~을(를) 기리다

fête
★

n. f. (종교적인) 축제일, 명절, 기념일, 잔치, 축연

Tu vas faire la fête ?
너 파티할 거야?

★★
veille

n. f. 전날, (축제 따위의) 전야

Les adolescents ont des difficultés à s'endormir la veille de la rentrée.
청소년들은 개학 전날에 잠드는 데 어려움을 느낀다.

▸ **adolescent(e)** a. 청년의 n. 청소년 / **s'endormir** v. 잠들다

★★
décennie

n. f. 10년간

Au cours de la dernière décennie, la consommation d'alcool et de drogues a augmenté au Canada.
지난 10년간, 캐나다에서 술과 마약의 소비는 증가했다.

▸ **au cours de** ~의 사이에, ~중에 / **consommation** n. f. 소비, 소비량

★★
réveillon

n. m. (크리스마스 전날 밤 혹은 12월 31일에 먹는) 만찬, 야식, 크리스마스 이브 파티, 송년회

On prépare des plats traditionnels pour le réveillon de Noël.
우리는 크리스마스 이브 파티를 위해 전통 요리들을 준비한다.

▸ **préparer** v. 준비하다

★
annuel(le)

a. 1년간의, 임기 1년의, 1년간 지속되는

Il a pris un abonnement annuel à une revue.
그는 한 잡지를 연간 구독 신청했다.

▸ **abonnement** n. m. 정기 구독 / **revue** n. f. 검토, 잡지, 정기 간행물

★★
célébrer

v. (식을) 올리다, 거행하다, 축하하다, 기념하다

Venez célébrer le nouvel an !
새해 기념(파티)하러 오세요!

▸ **nouvel an** n. m. 새해, 양력 1월 1일

délai
★

n. m. 기한, 기일

Dernier délai pour vous inscrire : Samedi 31 décembre !
가입하기 위한 마지막 기한: 12월 31일 토요일!

chronologie
★★★

n. f. 연대학, 연대순, 연표

L'exposition présente la chronologie de la Première Guerre mondiale.
전시는 제1차 세계 대전의 연대기를 소개한다.

▶ **exposition** n. f. 전시(회), 진열 / **Première Guerre mondiale** n. f. 제1차 세계 대전

ère
★★★

n. f. 기원, 서기, 시기

L'Ère Primaire s'étend de -570 à -240 millions d'années.
고생대는 기원전 5억 7천만 년 전부터 2억 4천만 년 전까지의 기간이다.

▶ **primaire** a. 초등의, 단순한 / **s'étendre** v. 퍼지다, (면적, 시간을) 차지하다

époque
★★

n. f. 시대, 시절, 무렵, 때, (집합적) 동시대인

C'était une belle époque.
그때가 좋은 시절이었지.

siècle
★★

n. m. 세기, 시대, 당대, 백 년

Nous sommes au 21e siècle.
지금은 21세기다.

★
fixer

v. 정하다, 결정하다, 고정시키다

Ils vont bientôt fixer une date pour la réunion.
그들이 조만간 회의 날짜를 정할 거야.

★★
expiration

syn. échéance

n. f. 만기, 만료

La date d'expiration est passée.
만기일이 지났다.

★
janvier

n. m. 1월, 정월

En janvier, je pars skier dans les Alpes.
1월에 나는 알프스로 스키 타러 떠난다.

　▸ **skier** v. 스키 타다

★
mars

n. m. 3월

Mon anniversaire, c'est le premier mars.
내 생일은 3월 1일이다.

　▸ **premier(ère)** a. 처음의, 첫째의 n. 첫째의 것(사람)

Jour 20

★
récent(e)

a. 최근의, 새로운

C'est un film récent ?
이거 최신 영화야?

★
passé(e)

a. 과거의, 지나간, 지난 n. m. 과거(의 일), 옛날

Tout ça, c'est du passé.
다 지나간 일이다.

★★
mémorable

a. 기념해야 할, 기념할 만한, 잊기 어려운

Merci à vous tous d'être avec nous en ce jour mémorable !

이 기념할 만한 날에 우리와 함께해 주신 여러분 모두에게 감사 드립니다!

★★
événement
(évènement)

n. m. 사건, 일어난 일, 행사

Cet événement vise à sensibiliser la population au sujet des changements climatiques.

이 행사는 기후 변화 주제에 대해 국민들이 관심을 갖도록 하는 것을 목표로 한다.

▸ **viser** v. 겨냥하다, 목표하다 / **sensibiliser** v. 민감(예민)하게 하다, 관심을 갖도록 만들다 / **population** n. f. 인구, 주민, 국민 / **climatique** a. 기후의

★
agenda

n. m. 다이어리, 메모장, 비망록

Mon père préfère utiliser un agenda en papier.

나의 아버지는 종이 다이어리를 사용하는 걸 선호하신다.

Bonus!
단어

🎯 jour　m. 요일

lundi	n. m. 월요일
mardi	n. m. 화요일
mercredi	n. m. 수요일
jeudi	n. m. 목요일
vendredi	n. m. 금요일
samedi	n. m. 토요일
dimanche	n. m. 일요일

🎯 mois　n. m. 달

janvier	n. m. 1월
février	n. m. 2월
mars	n. m. 3월
avril	n. m. 4월
mai	n. m. 5월
juin	n. m. 6월
juillet	n. m. 7월
août	n. m. 8월
septembre	n. m. 9월
octobre	n. m. 10월
novembre	n. m. 11월
décembre	n. m. 12월

Jour 20

◎ jour férié en France   m. 프랑스의 공휴일

Jour de l'an (syn. Nouvel an)	n. m. 양력 1월 1일
Pâques	n. f. pl. 부활절
Fête du Travail	n. f. 노동절
Victoire des alliés *	n. f. 전승절
Ascension	n. f. (예수) 승천절
Pentecôte **	n. f. 오순절
Fête nationale	n. f. 혁명 기념일
Assomption	n. f. 성모 승천절
Toussaint ***	n. f. 만성절
Armistice	n. m. 제1차 세계 대전 휴전 기념일(11월 11일)
Noël	n. m. 크리스마스

* 'Victoire des alliés 전승절(유럽 전승 기념일)'은 1945년 제2차 세계 대전에서 나치 독일이 멸망한 5월 8일을 기념하는 날이다.

** 'Pentecôte 오순절(성령강림일)'은 기독교의 성립일로, 예수의 부활로부터 50일째 되는 날 성령이 강림하였다고 하여 기리는 날이다. (날짜는 부활절 후 7주)

*** 'Toussaint 만성절(모든 성인의 날)'은 기독교에서 천국에 있는 모든 성인들을 기리는 대축일이다. (11월 1일)

연습문제

1 프랑스어 단어를 보고 적합한 의미를 찾아 선으로 연결해 보세요.

semaine •   • 연대순, 연표

chronologie •   • 주, 1주간, 평일

époque •   • 기념, 추도

commémoration •   • 시대, 시절

2 주어진 문장을 보고 빈칸에 알맞은 프랑스어 단어를 보기에서 골라 적어 보세요.

> **보기**   anniversaire   réveillon   férié   hommage

1   Aujourd'hui, c'est un jour _____ !
오늘은 공휴일이야 !

2   Joyeux _____ !
생일 축하해! (즐거운 생일!)

3   Il a fait un petit discours pour rendre _____ à son père.
그는 그의 아버지를 기리기 위해 짧은 연설을 했다.

4   On prépare des plats traditionnels pour le _____ de Noël.
우리는 크리스마스 이브를 위해 전통 요리들을 준비한다.

Jour 20

3 주어진 우리말 단어를 보고 프랑스어로 적어 보세요.

1   만기   _____

2   3월   _____

3   사건   _____

4   달력   _____

Jour 21

🔊 21

🗼 도시의 삶

💬 **피할 수 없으면 즐기기**

ville 도시에 산다는 것, 그것도 centre-ville 도심에 살기란 꽤 피곤해요. embouteillage 교통 체증은 기본이고, 사람이 bondé 가득 찬 métro 지하철에서 se bousculer 서로 부딪히고 pousser 밀기 바쁘죠. 다들 무언가에 presser 쫓기는 것 같아요. 늦은 밤까지도 바깥 bruit 소음이 들려 오고, 커튼을 치지 않으면 너무 lumineux 밝아 잠들기 어려워요. 그럼에도 centre 중심지나 banlieue 대도시 주변에 사는 이유는? 역시 업무적으로 주어지는 많은 opportunité 기회와 잘 갖춰진 infrastructure 사회 기반 시설 때문이겠죠. 투덜대면서도 나름대로 도시 생활을 즐긴답니다.

★
ville

n. f. 도시, 도회지, 도시 생활

Je vais en ville pour faire les courses.
나는 장 보러 시내에 간다.

▸ **faire les courses** 장 보다

★
centre

n. m. 중심(가), 번화가, 도시, (중심적인) 기관, 시설

Le centre culturel vous propose de nombreux concerts et pièce de théâtre.
문화 센터는 여러분께 다양한 연극과 공연을 선보입니다.

▸ **culturel(le)** a. 문화의, 문화적인 / **pièce de théâtre** n. f. 연극

★
centre-ville

n. m. 도심, 번화가

Ces boîtes de nuit se trouvent en plein centre-ville.
이 나이트 클럽들은 도심 한가운데에 있다.

▸ **boîte** n. f. 클럽 (syn. club)

---

banlieue

**

syn. périphérie

n. f. (대도시의) 교외, 시외 / (복수) (사회적 문제를 안고 있는) 대도시의 주변(마을)

La poste ne livre plus dans certaines banlieues parisiennes pour des raisons de sécurité.

우체국은 안전상의 이유로 파리 교외의 몇몇 마을에 더 이상 배송을 하지 않는다.

▶ **livrer** v. 배송하다 / **raison** n. f. 이성, 이유, 원인

**

cité

n. f. 도시, 주택 단지, 집단 주택지

Les jeunes des cités se sentent victimes d'injustice.

집단 주택지의 젊은이들은 자신들이 불공평의 희생자라고 느낀다.

▶ **se sentir** v. 느껴지다, (느낌, 기분이) ~하다 , 스스로 ~을(를) 느끼다 / **injustice** n. f. 불공정성, 부당, 불의, 부당 행위

> **Tip** cité는 banlieue와 동일하게 대도시의 주변 마을을 의미하나, 상대적으로 조금 더 낙후된 분위기의 동네 또는 저렴한 가격의 집단 주택지를 나타낸다.

**

arrondissement

n. m. (프랑스) 시의 구

Le Printemps se trouve dans le 9e arrondissement de Paris.

프랭땅(백화점)은 파리 9구에 위치하고 있다.

> **Tip** 프랑스어 서수 (첫 번째, 두 번째, …)는 '1er, 2e, 3e, …)'와 같이 표기하고, 'premier(ère), deuxième, troisième, …'와 같이 읽는다. '9e'는 'neuvième'이다.

***

délinquance

n. f. 범죄

La délinquance juvénile est un sujet important de l'actualité.

청소년 범죄는 시사 문제의 중요한 주제이다.

▶ **juvénile** a. 젊은, 청춘의, 청소년의 / **actualité** n. f. 현실성, 실제, (집합적) 시사 문제, 당대의 관심사, (복수) 뉴스

---

*

sortir

v. 밖으로 나가다, 외출하다, 놀러 나가다

Tu veux sortir ce soir ?

오늘 저녁에 놀러 나갈까?

embouteillage

☆

syn. bouchon n. m. (병)
마개(교통 체증을 비유)

n. m. (교통, 통신의) 혼잡, 막히기

10 minutes de retard ! À cause des
embouteillages sur l'autoroute.
10분 지각(예정이야)! 고속 도로에 교통 체증 때문에.

▸ **retard** n. m. 늦음, 지각, 지연 / **autoroute** n. f. 고속 도로

---

foule

☆

n. f. 군중, 민중, 대중

Cet homme a disparu dans la foule.
그 남자는 군중 속으로 사라졌다.

▸ **disparaître** v. 사라지다

---

métro

☆

n. m. 지하철

Le ticket de métro va disparaître dans un futur
proche.
지하철 티켓은 가까운 미래에 사라질 것이다.

▸ **proche** a. 인접한, 가까운

---

se bousculer

☆

v. 서로 떼밀다, 쇄도하다

Au premier jour des soldes, les clients se
bousculent vers les bonnes affaires.
세일 첫째 날, 고객들은 좋은 상품들을 향해 서로 떼밀며 움직인다.

▸ **solde** n. m. 염가 판매, (복수) 바겐세일 상품

---

pousser

☆

v. 밀다, 밀어내다

J'en ai assez des gens qui poussent pour monter
dans le train.
열차에 타려고 미는 사람들 지긋지긋해.

▸ **en avoir assez** 지긋지긋하다

★ presser

v. 누르다, 괴롭히다, 짓누르다, 재촉하다

Il n'y a rien qui presse.
급할 것 없다. (재촉하는 것은 없다.)

★★ manifestation

n. f. 시위, 데모, 행사, 대회

Une manifestation se tient à la place de la Bastille samedi après-midi.
토요일 오후 바스티유 광장에서 시위가 열린다.

▸ **se tenir** v. 붙잡다, 열리다

★ bruit

n. m. 소리, 소음, 시끄러움

Le bruit de la circulation routière peut causer des maladies cardiovasculaires.
도로 교통 소음은 심혈관계 질환을 일으킬 수 있다.

▸ **routier(ère)** a. 도로의 / **causer** v. 유발하다, 원인이 되다 /
cardiovasculaire a. 심장과 혈관의, 심혈관계의

★ bruyant(e)

a. 큰 소리를 내는, 수선스러운, 시끄러운, 소음을 내는

Elle évite d'aller dans des endroits bruyants.
그녀는 시끄러운 장소에 가는 것을 삼간다.

▸ **éviter** v. 피하다, 삼가다 / **endroit** n. m. 장소

★ lumineux(se)

a. 빛을 발하는, 빛나는, 밝은, 환한, 햇빛이 드는

Séoul reste lumineuse toute la nuit.
서울은 밤새도록 밝다.

▸ **nuit** n. f. 밤

★ bondé(e)

syn. plein(e)
ant. vide a.
빈, 비어 있는

a. 만원인, 가득 찬

Aux heures de pointe, le métro est bondé.
러시아워에 지하철은 만원이다.

▸ **heures de pointe** n. f. 러시아워 (혼잡 시간)

★ urbain(e)

a. 도시의

La nature dans les centres-villes donne plus de
valeur aux espaces urbains.

도심 속 자연은 도시의 공간에 더 많은 가치를 부여한다.

▸ **valeur** n. f. 가치

★ citadin(e)

a. 도시의 n. 도시인

Ces derniers temps, les citadins viennent
s'installer à la campagne.

도시인들이 최근 시골로 정착하러 오고 있다.

▸ **s'installer** v. 정착하다, 자리 잡다 / **ces derniers jours** 최근, 요즘

★ rue

n. f. (도시의) 가로, 길, ~가, ~로

Je marche dans la rue.

나는 길을 걷는다.

> **Tip** 프랑스어 주소 표기는 번지수, 길 이름, 우편 번호, 도시명, 국가명 순서이다.
> ⓔ 125 Rue de Grenelle, 75005 Paris, France 프랑스 파리 Grenelle 가 125번지,
> 우편번호 75005 (주 프랑스 대한민국 대사관 주소)

★ avenue

n. f. (도시의) 큰 가로, (가로수가 심어진) 한길

L'avenue des Champs-Elysées est la plus belle
du monde.

샹젤리제는 세계에서 가장 아름다운 가로수길이다.

★★ opportunité

n. f. 상황에 알맞음, 좋은 기회, 호기

La ville est considérée comme un espace
d'opportunités professionnelles.

도시는 직업적으로 기회의 땅이라 여겨진다.

▸ **considérer** v. 여기다, 간주하다 / **espace** n. m. 장소, 공간

★★
richesse

n. f. 부, 부유함, (사상, 예술의) 풍요, 많음

Les Parisiens sont avantagés au niveau de la richesse culturelle.

파리 시민은 문화적 풍요 측면에서 많은 이점을 갖고 있다.

▸ **avantagé(e)** a. 유리한, 특혜를 받은

★
stress

n. m. 스트레스, 긴장

Apprenez à gérer votre stress !

스트레스를 관리하는 방법을 배우세요!

▸ **gérer** v. 관리하다

★
cambriolage

n. m. 불법 침입, 강도

À Paris les cambriolages augmentent surtout pendant la période estivale.

파리에서, 불법 침입은 피서 기간 동안 특히 증가한다.

▸ **estival(e)** a. 여름의, 피서의

★★
proximité

n. f. (시간적인) 가까움, (공간적인) 인접, 근접

Le commerce de proximité n'est pas mort malgré l'arrivée du e-commerce.

인근 상점은 인터넷 상점의 등장에도 불구하고 사라지지 않았다.

▸ **commerce** n. m. 상업, 거래, 가게, 상점

★
automatisation

n. f. 자동화, 기계화

L'automatisation des guichets permet de réduire les files d'attente.

창구의 자동화는 대기 행렬을 줄어들게 한다.

▸ **guichet** n. m. (은행, 매표소의) 창구, (역, 극장의) 개찰구 / **file d'attente** n. f. 기다리는 사람의 행렬

complet(ète) ⭐

a. (좌석이) 만원인, 완전한, (기간, 시간이) 꽉 찬

Désolé, c'est complet.
죄송합니다, (자리가) 꽉 찼습니다.

queue ⭐

n. f. 꼬리, (차례를 기다리는) 줄, 열

Au musée du Louvre, on a fait la queue pendant une heure.
루브르 박물관에서 우리는 1시간 동안 줄을 섰다.

cœur ⭐⭐

n. m. 심장, 중심(부), 한가운데

Notre hôtel est situé au cœur de la ville.
우리 호텔은 도시의 중심부에 위치해 있습니다.

agglomération ⭐⭐⭐

n. f. 응결, 응집, 주거 밀집 지역, 마을, 도시권

Les agglomérations urbaines sont des zones en pleine croissance.
도시의 주거 밀집 지역은 성장 중이다.

▸ **croissance** n. f. 성장, 발전, 상승

infrastructure ⭐⭐⭐

n. f. 기초, 토대, 기초 공사, (경제, 기술 활동에 필요한) 시설

Les infrastructures facilitent les transports.
기반 시설이 교통을 용이하도록 돕는다.

stationnement ⭐⭐

n. m. 주차

Le stationnement est interdit à partir de 10h.
10시부터 주차 금지입니다.

Bonus!
단어

🎯 lieux de la ville   n. m. pl. 도시의 장소들

hôpital	n. m. 병원
hôtel	n. m. 호텔
mairie	n. f. 시청 (syn. hôtel de ville)
musée	n. m. 박물관
théâtre	n. m. 극장
parc	n. m. 공원
piscine	n. f. 수영장
stade	n. m. 경기장
bibliothèque	n. f. 도서관
librairie	n. f. 서점
théâtre	n. m. 극장
église	n. f. 교회
cathédrale	n. f. 대성당

연습문제

1 프랑스어 단어를 보고 적합한 의미를 찾아 선으로 연결해 보세요.

manifestation •   • (대도시의) 교외

banlieue •   • 좋은 기회

infrastructure •   • 시위, 데모

opportunité •   • (경제, 기술 활동에 필요한) 시설

2 주어진 문장을 보고 빈칸에 알맞은 프랑스어 단어를 보기에서 골라 적어 보세요.

> **보기**   délinquance   complet   sortir   lumineuse

1 Séoul reste _____ toute la nuit.
서울은 밤새도록 밝다.

2 La _____ juvénile est un sujet important de
l'actualité.
청소년 범죄는 시사 문제의 중요한 주제이다.

3 Désolé, c'est _____.
죄송합니다, (자리가) 꽉 찼습니다.

4 Tu veux _____ ce soir ?
오늘 저녁에 놀러 나갈까?

3 주어진 우리말 단어를 보고 프랑스어로 적어 보세요.

1 번화가, 도심   _____

2 (교통, 통신의) 혼잡   _____

3 소리, 소음   _____

4 도시의   _____

....

정답
1 manifestation - 시위, 데모, banlieue - (대도시의) 교외, infrastructure - (경제, 기술 활동에 필요한) 시설,
opportunité - 좋은 기회
2 ① lumineuse ② délinquance ③ complet ④ sortir
3 ① centre-ville ② embouteillage ③ bruit ④ urbain

프랑스 여행 필수 정보

프랑스를 여행하면서 위급 상황이나 어려움을 만났을 때 도움을 요청할 수 있는 전화번호를 알아 두세요.

긴급 전화	112 (프랑스 포함 EU에 속한 국가에서 위급 상황 발생 시)
SAMU	115 ('Service d'aide médical urgente 의료 구급대'의 약자)
경찰	17
소방서	18
분실물 센터	01 55 76 20 34
SOS 의사	01 47 07 77 77

* 주 프랑스 대한민국 대사관

홈페이지   overseas.mofa.go.kr/fr-ko/index.do

주소   125 rue de Grenelle 75007 Paris, FRANCE
(지하철 13번선 Varenne 역)

긴급 연락처   주간: 06-8095-9347 (휴대폰), 01-4753-6995 (사무실)
(사건, 사고)   야간 및 주말: 06-8028-5396(휴대폰)

* 프랑스 여행 환전 팁

프랑스 은행들은 대부분 본점을 제외한 지점에서 외환 업무를 취급하지 않습니다. 여행을 앞두고 있다면 프랑스에 입국하기 전 우리나라의 시중 은행이나 공항에서 유로화로 환전하는 게 좋습니다. 부득이하게 입국 후 환전이 필요해진 상황이라면 공항, 은행 본점, 호텔, 기차역에서 환전하는 것이 대체로 안전합니다.

* 프랑스 여행 짐 꾸리기 팁

사계절이 있으며, 온대성 기후를 기본으로 지역에 따라 약간씩 차이를 보입니다. 강우량이 높고 비교적 습한 북부는 해양성 기후, 강우량이 낮고 따뜻한 남부는 지중해성 이후입니다. 여름은 비교적 건조하고 한국에 비해 선선한 편이어서 가벼운 겉옷을 챙기면 좋습니다. 겨울은 한국보다 덜 춥기 때문에 많이 두툼한 외투보다는 여러 겹 껴입을 수 있는 옷들을 넉넉히 챙기는 게 좋습니다. 늦봄과 늦가을은 변덕스러운 날씨를 보일 수 있기 때문에 얇팍하면서 방수가 되는 겉옷과 우산을 가져가면 좋습니다.

🔊 22

🗼 시골의 삶

💬
**전원 생활을
꿈꿔요**

부모님께서 은퇴 후 **campagne** 시골로 이사하셨어요. 그리고 **agriculture** 농사
일을 시작하셨죠. 몇 가지 작물을 **champ** 밭에 **cultiver** 재배하며 **élevage** 목축도
하고 계세요. **environnement** 환경을 위해 **herbicide** 제초제도 없이 **terre** 땅에
씨를 **semer** 심고, **agricole** 농업과 관련된 것이라면 뭐든 공부하신답니다. **vache**
소도 몇 마리 기르고, 이웃의 **vignoble** 포도밭 일까지 도우며 열심히 **ferme** 농장
을 가꾸시죠. 아직은 좀 서투르셔도, 열정만큼은 **paysan** 시골 사람 못지않으세요.

★
campagne

n. f. 농촌, 시골, 캠페인

C'est bien pour les enfants de passer les
vacances à la campagne.
시골에서 방학을 보내는 것은 아이들에게 좋다.

★
village

n. m. 마을, 촌락

Chamonix est un village montagnard situé au
pied du Mont-blanc.
샤모니는 몽블랑의 아래에 위치한 한 산악 마을이다.

▸ **montagnard(e)** a. 산골에 사는, 산(악)의

★★
province

n. f. (수도에 대해) 지방, (벨기에, 캐나다 따위의) 주

La sècheresse de cet été est la pire dans
l'histoire de cette province.
이번 여름의 가뭄은 이 지방 역사상 최악의 것이다.

▸ **sècheresse** n. f. 건조(한 상태), 가뭄, 무미건조함

cultiver
★★

v. 경작하다, 재배하다, 양식하다

Ma grand-mère aimait bien cultiver son potager.
나의 할머니는 텃밭을 가꾸는 것을 좋아하셨다.

▸ **potager(ère)** a. 채소의, 채소를 심는 n. m. 채소밭, 텃밭

> **Tip** se cultiver는 '경작되다, 재배되다'뿐만 아니라 '교양을 쌓다, 자기를 계발하다'의 의미
> 를 갖는다.

agriculture
★★

n. f. 농업, 영농

L'agriculture française s'est rapidement
modernisée depuis les années soixante.
프랑스의 농업은 60년대부터 빠르게 현대화되었다.

agriculteur(rice)
★★

a. 농업의, 농경의 n. 농민, 영농가

Le revenu moyen des agriculteurs français est
de 15 000 euros par an.
프랑스 농민의 평균 수입은 연 15,000유로이다.

agricole
★★★

a. 농업의, 농업에 관련된

Grâce aux nouvelles technologies agricoles, la
productivité a été largement améliorée.
새로운 농업 기술들 덕분에, 생산성이 폭넓게 개선되었다.

▸ **largement** ad. 넓게, 폭넓게, 충분히, 훨씬 / **améliorer** v. 개선하다, 개
량하다

prairie
★★

n. f. 초원, 목초지

Tu vois ces beaux chevaux dans la prairie ?
목초지의 저 멋진 말들이 보이니?

▸ **cheval** n. m. 말

★

lac

n. m. 호수

Le lac d'Annecy est magnifique, et parfait pour
se baigner.
안시의 호수는 매우 아름다워, 게다가 물놀이하기에 완벽하지.

▸ **se baigner** v. 물놀이하다, 해수욕하다

★★

rural(e)

ant. urbain
a. 도시의 n. 도시 주민

a. 농촌의, 시골의 n. 농촌 주민, 농민, 시골 사람

La durée moyenne de scolarisation est plus
courte en milieu rural qu'en milieu urbain.
평균 취학 기간은 도시보다 시골에서 더 짧다.

▸ **moyen(ne)** a. 평균의 / **milieu** n. m. 중앙, 환경

★

paysan(ne)

**a. 농민의, 시골풍의, 촌스러운 n. 농부, 농민, (경멸) 시골
뜨기, 촌놈**

Tu devrais goûter cette salade paysanne.
이 시골풍의 샐러드는 꼭 먹어 봐야 할 거야.

★★

champ

n. m. 밭, (복수) 들판, 전원, 넓은 장소

Les vaches broutent de l'herbe dans les champs.
암소들은 들판에서 풀을 뜯어먹는다.

▸ **brouter** v. (짐승이 풀을) 뜯어먹다

★

ferme

n. f. 소작지, 농지, 농장, 농가

Ils ont démarré une ferme à partir de zéro.
그들은 아무것도 없는 상태에서 농장을 시작했다.

▸ **démarrer** v. (배의) 밧줄을 풀다, 시작하다 / **à partir de zéro** 0에서
(시작하다)

★★★ exploitation

n. f. 개발, 경작, 채굴, 개척지

Dans les années cinquante, la France comptait plus de 2 millions d'exploitations agricoles.

50년대에 프랑스는 2백만 곳 이상의 경작지가 있었다.

▸ **exploitation agricole** n. f. 경작지, 농장

★★ élevage

n. m. (가축의) 사육, (물고기 따위의) 양식, 목축(업)

On peut transformer du fumier en engrais naturel.

퇴비들을 자연 사료로 변환할 수 있다.

▸ **fumier** n. m. 퇴비, 두엄, (비유) 오물 / **engrais** n. m. 비료, 먹이, 사료

★ laitier(ère)

a. 우유의

Le prix du lait et du beurre dépend de la situation de l'industrie laitière.

우유와 버터의 가격은 낙농업계의 상황에 따라 달라진다.

▸ **dépendre** v. ~에 달려 있다, ~에 종속되다

★ vache

n. f. 암소, 암소 고기

Ce fermier élève une centaine de vaches laitières.

이 농장주는 젖소 100여 마리를 기른다.

▸ **fermier(ère)** a. 농장의, 소작지의 n. 소작인, 농민, 농장주 / **laitier(ère)** a. 우유의 n. f. 젖소

★ cueillir

v. (과일, 꽃 따위를) 따다, (버섯, 조개 따위를) 채취하다

Nous avons cueilli des pommes.

우리는 사과를 땄다.

terre ★★

n. f. 흙, 땅, 토양, 토지, 지면, 지구

Cette terre est devenue fertile.
이 땅은 비옥해졌다.

▸ **fertile** a. (토지 따위가) 비옥한, 기름진, (정신적으로) 풍요로운

Il est tombé par terre.
그는 땅바닥에 넘어졌다.

sol ★

n. m. 땅바닥, 지면, 바닥, 땅, 토지

Cet homme est maintenant interdit d'entrer sur
le sol américain.
그 남자는 현재 미국 땅에 들어오는 것이 금지되어 있다.

> **Tip** terre와 sol은 '토지, 영토, 땅'의 의미에서 유사하게 사용되나 terre는 '흙', sol은 '바닥,
> 지면'의 의미를 핵심 개념으로 가진다. terre는 '지구'의 의미로도 쓰인다.

rustique ★★

**a. (가구 따위가) 시골풍의, 투박한, 토속적인 양식의
n. m. 시골풍, 토속적인 양식**

Vous en avez marre de votre cuisine rustique ?
시골풍의 부엌이 지긋지긋한가요?

▸ **en avoir marre de** ~이(가) 지긋지긋하다

défavorisé(e) ★★

a. 불리한, 혜택을 받지 못하는, 빈곤한, 낙후된

Ce village est le plus défavorisé de la région.
이 마을은 이 지역에서 가장 낙후되었다.

▸ **région** n. f. 지방, 지역, 일대

famine ★★

n. f. 기근, 기아, 굶주림

Suite à une mauvaise saison agricole, la
famine était inévitable en Afrique.
열악한 농경기 이후, 아프리카에서 기근은 피할 수 없는 것이었다.

▸ **suite à** ~의 뒤에, ~의 후에 (일어나다) / **saison agricole** n. f. 농경기

pêche
★

n. f. 낚시질, 고기잡이, 어업, (조개류 따위의) 채취, 낚시터, 어장

Chaque été, j'allais à la pêche avec mes cousins.
여름마다, 나는 내 사촌들과 낚시를 가곤 했다.

sédentaire
★★★

a. 한 장소에만 있는, 외출하지 않는 n. 정착민, 정주 민족

Ils ont quitté une vie sédentaire pour ce mode de vie nomade.
그들은 유랑하는 삶의 방식을 위해 한 장소에만 머무르는 삶을 버렸다.

▸ quitter v. 떠나다, 벗어나다, (습관, 태도를) 버리다 / nomade a. 유목의, 유랑의 n. (흔히 복수) 유목민

maraîcher(ère)
★

a. 채소 재배의 n. 채소 재배하는 사람

Elle fait de la culture maraîchère sans pesticides.
그녀는 살충제 없이 채소 재배를 한다.

▸ culture n. f. 경작, 농업, 재배, 양식 / pesticide a. (동, 식물 구충용) 살충제의 n. m. 살충제

herbicide
★★★

a. 잡초를 죽이는 n. m. 제초제

Il est recommandé de pulvériser des herbicides pour lutter contre les mauvaises herbes.
잡초를 제거하기 위해 제초제를 뿌리는 것이 바람직하다.

▸ pulvériser v. 뿌리다, 분무하다 / lutter v. (~와) 싸우다, 맞붙어 싸우다, 저항하다 / mauvaise herbe n. f. 잡초

semer
★★

v. 씨를 뿌리다, 파종하다, (소문, 불평 따위를) 유포하다

Celui qui sème le mal récolte ce qu'il a semé.
악을 뿌린 자는 그가 뿌린 것을 거둔다.

▸ mal n. m. 악, 악행 / récolter v. 수확하다, 따다

environnement
★★

n. m. (사회, 문화적, 생태학적인) 환경, (주위의) 상황, 정세

La pollution de l'air a des effets significatifs sur l'environnement.
대기 오염은 환경에 매우 중요한 영향을 가진다.

▶ **significatif(ve)** a. 명백한, 중요한, 대단한 의미를 지니는

vignoble
★★

n. m. 포도원, 포도밭

Certains vignobles municipaux sont ouverts au public pour les vendanges.
몇몇 시립 포도원들은 포도 수확을 위해 일반인들에게 개방된다.

▶ **municipal(e)** a. 도시의, 시(읍, 면)의

vendange
★★★

n. f. 포도의 수확, (복수) 포도 수확기

Les vendanges représentent environ 300 000 emplois saisonniers chaque année.
포도 수확은 매년 약 300,000개의 계절 일자리를 창출한다.

▶ **représenter** v. 나타내다, (수량에) 상당하다, (부분을) 점하다 / **saisonnier(ère)** a. 계절적인, 한 계절 동안만의

fruitier(ère)
★

a. 과일의, 과일을 맺는 n. 과일 장수 n. m. 과일, 과수원

Mon père a planté un arbre fruitier.
나의 아버지는 과일나무를 하나 심었다.

Bonus! 단어

🎯 **campagne**   **n. f. 시골**

champ	n. m. 밭, 들판
forêt	n. f. 숲
montagne	n. f. 산
colline	n. f. 언덕
barrage	n. m. 댐, 둑
étang	n. m. 연못
lac	n. m. 호수
ruisseau	n. m. 시냇물, 개울
rive	n. f. (호수, 해협 따위의) 연안, 기슭
rivière	n. f. 강, 하천
fleuve	n. m. 큰 강, 대하, (바다로 이어지는) 강

연습문제

1 프랑스어 단어를 보고 적합한 의미를 찾아 선으로 연결해 보세요.

agriculture •   • 지면, 바닥, 토지

pêche •   • 낚시질

sol •   • 개발, 경작

exploitation •   • 농업, 영농

2 주어진 문장을 보고 빈칸에 알맞은 프랑스어 단어를 보기에서 골라 적어 보세요.

> **보기**   terre   défavorisé   fruitier   sème

1 Celui qui _____ le mal récolte ce qu'il a semé.
악을 뿌린 자는 그가 뿌린 것을 거둔다.

2 Cette _____ est devenue fertile.
이 땅은 비옥해졌다.

3 Ce village est le plus _____ de la région.
이 마을은 이 지역에서 가장 낙후되었다.

4 Mon père a planté un arbre _____.
나의 아버지는 과일나무를 하나 심었다.

3 주어진 우리말 단어를 보고 프랑스어로 적어 보세요.

1 농촌, 시골 _____

2 초원, 목초지 _____

3 기근, 기아 _____

4 환경 _____

정답
1 agriculture - 농업, 영농, pêche - 낚시질, sol - 지면, 바닥, 토지, exploitation - 개발, 경작
2 ① sème ② terre ③ défavorisé ④ fruitier
3 ① campagne ② prairie ③ famine ④ environnement

프랑스 Talk

프랑스 쇼핑 꿀팁

프랑스는 세계적으로 유행을 주도하는 중심지이며 고급 브랜드를 떠올릴 때 가장 먼저 생각나는 나라 중 하나입니다. 프랑스 매장에서 면세를 적용받으면 고급품들을 비교적 혜택이 있는 금액으로 구매할 수 있기에, 프랑스를 방문하는 여행객들은 관광뿐만 아니라 쇼핑을 고려하는 경우가 많습니다. 알뜰 여행객들을 위한 프랑스의 쇼핑 장소들을 알려 드립니다.

* 파리의 백화점

갤러리 라파예트
파리 9구 오스만 거리에 위치한 가장 큰 규모의 백화점입니다. 1895년 개점하여 파리를 대표하는 백화점으로 남, 녀 패션관과 인테리어관이 구분되어 있습니다. 한국어, 중국어 가능한 직원을 두고 있으며 한국어 쇼핑 안내서도 제공됩니다.

봉 마르쉐
1852년 개점한 파리 최초의 백화점입니다. 백화점 중간에 위치한 교차 에스컬레이터는 봉 마르쉐를 상징하는 공간으로 유명합니다. 봉 마르쉐의 방문객들은 현지인들이 대부분입니다. 한산한 공간에서 파리지앵이 된 느낌으로 여유로운 쇼핑을 원한다면 추천합니다.

프랭땅
라파예트 백화점과 가까운 위치에 있습니다. 건물 자체가 프랑스 문화유산으로 지정되어 있을 정도로 아름다운 외관을 자랑합니다. 라파예트 백화점보다 상대적으로 북적대지 않아 좀 더 쾌적하게 쇼핑할 수 있다는 장점이 있습니다.

베아슈베
인테리어 용품 위주의 백화점입니다. DIY 제품, 가정 인테리어 소품, 주방 용품, 가정용 공구와 연장뿐만 아니라 패션 관련 용품과 화장품 등도 구매할 수 있습니다. 여권을 소지한 관광객에게 10% 추가 혜택을 제공하므로 놓치지 마세요.

* 프랑스의 세일 기간
프랑스는 매년 여름과 겨울에 대대적인 세일을 합니다. 세일 기간은 2개월 정도로 30~70%까지 큰 폭의 할인을 제공합니다. 지역마다 차이는 있겠으나 보통 1-2월과 6-7월이 세일 기간에 해당합니다. 세일 기간에 프랑스를 방문하려는 여행객들은 사전에 세일 일정을 꼭 확인하세요.

* 세금 환급받기
여행객이 일정 금액 이상 물건을 구입한 경우 세금 환급을 받을 수 있습니다. 결제 시 여권을 제시하고 카드 또는 현금으로 세금을 환급받겠다고 말하면 됩니다. 카드로 환급받는 경우 공항의 창구에서 영수증에 스탬프를 받거나, 바코드 기계에 영수증 바코드를 인식시킨 후 환급받은 영수증을 환급용 봉투에 넣어 창구 옆 해당 환급 회사 우체통에 넣으면 됩니다. 현금으로 환급받는 경우 카드 환급과 절차는 동일하되 영수증을 우체통에 넣지 않고 Bureau de Change 창구에 보여주면 바로 현금을 받을 수 있습니다. 단, 이 경우 대기 시간이 매우 길 수 있습니다.

🗼 동물, 식물

💬

수의사가 되는 게 꿈이에요

저는 **animal** 동물과 **plante** 식물을 정말 좋아해요. 마당에 **graine** 씨앗을 뿌려 **fleur** 꽃밭을 꾸미고, 그곳에서 **chien** 강아지가 뛰노는 걸 보면 너무 행복해요. 옷에 강아지 **poil** 털이 붙고, 마당에 **crotte** 똥 치우는 게 귀찮긴 해도, **queue** 꼬리를 흔들며 작은 **patte** 발을 내미는 강아지를 보면 뭐든 해 주고 싶어져요. 그래서인지 동물 **maltraitance** 학대 기사를 보면 너무 마음이 아파요. 얼른 **vétérinaire** 수의사가 되는 꿈을 이루어 아픈 동물들을 치료해 주고 싶어요.

★
animal(e)

a. 동물의, 동물적인 n. m. 동물, 생물, 짐승

Avez-vous des animaux de compagnie ?
반려동물을 기르시나요? (갖고 계시나요?)

▸ **compagnie** n. f. 곁에 있음, 동행

★
plante

n. f. 식물, 초목, 풀 (복수) 식물계

Les algues sont des plantes aquatiques qui poussent sous l'eau.
미역은 물속에서 자라나는 수생 식물이다.

▸ **algue** n. f. 해초, 미역 / **aquatique** a. 물(가)에 자라는(사는), 수상의

★★
graine

n. f. 씨, 종자

Les graines de sésame sont couramment utilisées dans la cuisine coréenne.
참깨는 한국 요리에서 일반적으로 많이 사용된다.

▸ **sésame** n. f. 참깨 / **couramment** ad. 유창하게, 일반적으로, 보통

★
fleur

n. f. 꽃, 화초

Elle m'a offert un bouquet de fleurs.
그녀는 나에게 꽃 한 다발을 선물했다.

---

domestique
★★

a. 가정의, 가족의, (짐승이) 인가에 사는, 길든, 국내의

Le chat est l'animal domestique préféré des Français.

고양이는 프랑스인들이 선호하는 애완동물이다.

▸ **chat** n. m. 고양이 / **préféré(e)** a. 선호하는

chien
★

n. m. 개, 갯과의 동물

Le chien remuait la queue.

그 개는 꼬리를 흔들고 있었다.

▸ **remuer** v. (물건을) 옮기다, (신체의 일부를) 움직이다, 몸을 움직이다

crotte
★

n. f. (말, 양 따위의) 동글동글한 똥

Les crottes de chien sur les trottoirs sont un fléau de chaque ville.

인도의 개똥은 각 도시의 골칫거리다.

▸ **trottoir** n. m. 보도, 인도 / **fléau** n. m. 골칫거리

patte
★

n. f. (동물의) 발, 다리

Regarde ces petites pattes poilues ! Qu'est-ce qu'elles sont mignonnes !

이 털 많은 작은 발 좀 봐! 어찌나 귀여운지!

▸ **poilu(e)** a. 털이 많은, 털북숭이의 / **mignon(ne)** a. 귀여운

Tip qu'est-ce que는 감탄문에서 문장을 강조하는 효과를 가진다.

queue
★

n. f. 꼬리, 꼬리 모양의 것(부분), 줄

Faites la queue.

줄을 서세요.

vétérinaire
★★

syn. médecin vétérinaire

a. 수의사의 n. 수의사

Il a amené un chaton chez le vétérinaire.

그는 동물 병원에 새끼 고양이 한 마리를 데려왔다.

▸ **chaton** n. m. 새끼 고양이

★★★
mammifère

n. m. 포유동물 (복수) 포유류

Le dauphin est un mammifère.
돌고래는 포유류다.

★
fourrure

n. f. 모피, 모피로 만든 옷, (숱이 많고 아름다운) 동물의 털

Les défenseurs des animaux organisent des actions anti-fourrure.
동물 보호자들은 모피 반대 활동들을 벌인다.

> **défenseur** n. m. 수호자, 보호자 / **organiser** v. 조직, 기획하다, 벌이다

★★
végétal(e)

a. 식물의, 식물성의 **n. m.** 식물

La fertilité des sols est liée à leur capacité à soutenir la croissance végétale.
토양의 비옥함은 식물 성장을 유지시키는 능력과 연결된다.

> **fertilité** n. f. 비옥함, 기름짐, (정신적) 풍요 / **soutenir** v. 떠받치다, 지원하다, 유지하다 / **croissance** n. f. 성장, 발육

★
bête

a. 어리석은, 바보같은 **n. f.** (인간을 제외한) 동물, 짐승, (집합적) 가축, (짐승같은) 사람, 바보

Tu es bête !
너 어리석구나!

★★
mâle
ant. femelle
a. 암컷의, 여성의 n. f. 암컷

a. 수컷의, 남성의 **n. m.** 수컷

Un agneau est un jeune mouton mâle âgé de moins d'un an.
아뇨(agneau)는 한 살 미만의 어린 양이다.

> **agneau** n. m. 어린 양, 새끼양고기 / **mouton** n. m. 양

★★★
espèce

n. f. (사람, 사물의) 종류, (생물 분류의 기본 단위인) 종, 인류

Il y aurait près de 8,7 millions d'espèces vivantes sur Terre.
지구에는 대략 870만 종의 생물이 있다.

★
zoo

n. m. 동물원

Allons au zoo !
동물원에 가자!

★
chasse

n. f. 사냥, 수렵, 사냥철, 사냥터

Certaines personnes considèrent la chasse comme un sport de loisir.
어떤 사람들은 사냥을 하나의 레저 스포츠라고 생각한다.

▸ **considérer** v. 고려하다 / **loisir** n. m. 취미, 레저

★★
maltraitance

n. f. 학대, 구박

La maltraitance animale n'est pas encore correctement punie par la loi.
동물 학대는 법적으로 아직 알맞게 처벌되지 않는다.

▸ **punir** v. 처벌하다

★★
abattre

v. 쓰러뜨리다, (동물을) 도살하다, 약화시키다, (세력을) 꺾다

Le criminel a été abattu par les policiers.
살인범은 경찰들에 의해 사살당했다.

▸ **criminel(le)** a. 죄를 범한, 범죄적인 n. 죄인, 형사범, 살인범

★★★
abattoir

n. m. 도살장

En Belgique, dans un gros abattoir, on tue plus de 5000 cochons par jour.
벨기에의 한 대형 도살장에서는 하루에 5,000마리 이상의 돼지를 죽인다.

▸ **tuer** v. 살해하다, 죽이다 / **cochon** n. m. 돼지

★★
volaille

n. f. (집합적) 가금, 가금류

Le poulet est la volaille la plus consommée en Corée.
닭은 한국에서 가장 많이 소비되는 가금류이다.

cage

★

n. f. (짐승의) 우리, (새, 작은 동물 따위의) 새장

Il a placé un nid et une mangeoire dans la cage.
그는 둥지와 모이통을 새장에 놓았다.

▸ **placer** v. (사물을) (어떤 장소에) 놓다, 배치하다 / **nid** n. m. 둥지 /
mangeoire n. f. 구유, 사료통, 모이통

poil

★

n. m. (동물의) 털, (붓, 솔 따위의) 털

J'emporte toujours une brosse adhésive pour
retirer les poils de chat sur mes vêtements.
나는 내 옷들에 (붙은) 고양이 털들을 제거하기 위해 항상 끈끈이 브러시를
가지고 다닌다.

▸ **adhésif(ve)** a. 들러붙는, 접착성인 / **retirer** v. 떼다, 제거하다

prédateur (rice)

★★★

a. 포식성의 n. m. 약탈자, 포식 동물

Les prédateurs sont parfois appelés comme des
régulateurs naturels.
포식 동물은 종종 자연의 조정자로 불린다.

▸ **régulateur(rice)** a. 조정하는, 조절하는 n. m. 조절(조정) 장치, 제어하는 것

proie

★★

n. f. (육식 동물의) 먹이, 희생자, 피해자

Les crocodiles sont réputés pour ne pas lâcher
leur proie.
악어는 자신의 먹이를 놓치지 않는 것으로 유명하다.

▸ **lâcher** v. 놓아주다

animalerie

★

n. f. 실험동물 사육장, 동물 매매

J'ai adopté un petit chaton dans un refuge pas
dans une animalerie.
나는 작은 새끼 고양이를 동물 가게가 아닌 유기 동물 보호소에서 입양했다.

▸ **adopter** v. 입양하다 / **refuge** n. f. 피난처, 대피처

★★
féroce

a. (동물이) 사나운, (사람이) 잔인한, 흉폭한

L'hippopotame est un animal féroce et dangereux.
하마는 잔인하고 위험한 동물이다.

▸ **hippopotame** n. m. 하마

★★
nature

n. f. 자연(계), (자연의) 경관, 본성, 성격

Nous avons finalement tout quitté pour vivre au plus près de la nature.
우리는 마침내 자연 더 가까이 살기 위해 모든 것을 떠났다.

★★
botanique

a. 식물학의 n. f. 식물학

Un paysagiste-botaniste est au service de ce jardin botanique.
한 조경학자이자 식물학자가 이 식물원을 위해 일한다.

▸ **paysagiste** n. 조경학자 / **botaniste** n. 식물학자 / **au service de** ~을(를) 위해서 (도움이 되는)

★★
tige

n. f. (식물의) 줄기, 대

Sur une orchidée, on coupe les tiges fanées.
난초의 시든 꽃줄기는 자른다.

▸ **orchidée** n. f. 난초과 식물(의 꽃) / **fané(e)** a. (초목이) 시든, 마른

★
feuille

n. f. 나뭇잎, 종잇장

En automne, les feuilles tombent.
가을에는 나뭇잎이 떨어진다.

★★
pousser

v. (싹 따위가) 돋아나다, 자라다

C'est une fleur qui pousse à l'ombre.
이것은 그늘에서 자라는 꽃이다.

▸ **ombre** n. f. 그늘, 응달

Bonus!
단어

catégorie d'animaux   n. f. 동물의 분류

mammifère	n. m. 포유류
oiseau	n. m. 새, 조류
poisson	n. m. 물고기, 어류
amphibien	n. m. 양서류
reptile	n. m. 파충류, 파충류의 동물

animal domestique   n. m. 애완동물

chien	n. m. 개
chat	n. m. 고양이
hamster *	n. m. 햄스터
lapin	n. m. 토끼
poisson	n. m. 물고기

Tip

* 햄스터는 [amstɛːʀ]로 발음한다.

animal de la ferme   n. m. 농장의 동물들

vache	n. f. 암소
cochon	n. m. 돼지
coq	n. m. 수탉
poule	n. f. 암탉
cheval	n. m. 말

canard	n. m. 오리
chèvre	n. f. 염소
mouton	n. m. 양

🎯 animaux sauvages　n. m. pl. 야생 동물

tigre	n. m. 호랑이
lion	n. m. 사자
éléphant	n. m. 코끼리
panthère	n. f. 표범
renard	n. m. 여우
loup	n. m. 늑대
sanglier	n. m. 멧돼지
girafe	n. f. 기린
cerf	n. m. 사슴
ours	n. m. 곰
crocodile	n. m. 악어
singe	n. m. 원숭이
serpent	n. m. 뱀
écureuil	n. m. 다람쥐

🎯 fruitier   n. m. 과일나무

pommier	n. m. 사과나무
poirier	n. m. 배나무
olivier	n. m. 올리브나무
cerisier	n. m. 체리나무
prunier	n. m. 자두나무
amandier	n. m. 아몬드나무
marronnier	n. m. 밤나무
figuier	n. m. 무화과나무

🎯 fleur   n. f. 꽃

rose	n. f. 장미
violette	n. f. 제비꽃
tournesol	n. m. 해바라기
tulipe	n. f. 튤립
iris	n. m. 붓꽃, 아이리스
freesia	n. m. 프리지아
jasmin	n. m. 재스민
muguet	n. m. 은방울꽃
magnolia	n. m. 목련꽃
marguerite	n. f. 데이지
lys *	n. m. 백합
mauve	n. f. 접시꽃
jonquille	n. f. 황수선화

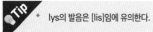   *   lys의 발음은 [lis]임에 유의한다.

연습문제

1 프랑스어 단어를 보고 적합한 의미를 찾아 선으로 연결해 보세요.

mammifère •   • 꼬리

prédateur •   • 포유동물

tige •   • (식물의) 줄기, 대

queue •   • 약탈자, 포식 동물

2 주어진 문장을 보고 빈칸에 알맞은 프랑스어 단어를 보기에서 골라 적어 보세요.

보기	volaille chasse maltraitance pousse

1 Certaines personnes considèrent la _____ comme un sport de loisir.
몇몇 사람들은 사냥을 하나의 레저 스포츠라고 생각한다.

2 La _____ animale n'est pas encore correctement punie par la loi.
동물 학대는 법적으로 아직 알맞게 처벌되지 않는다.

3 Le poulet est la _____ la plus consommée en Corée.
닭은 한국에서 가장 많이 소비되는 가금류이다.

4 C'est une fleur qui _____ à l'ombre. 이것은 그늘에서 자라는 꽃이다.

3 주어진 우리말 단어를 보고 프랑스어로 적어 보세요.

1 씨, 종자   _____

2 (짐승이) 인가에 사는   _____

3 수의사   _____

4 식물학, 식물학의   _____

정답
1 mammifère - 포유동물, prédateur - 약탈자, 포식 동물, tige - (식물의) 줄기, 대, queue - 꼬리
2 ① chasse ② maltraitance ③ volaille ④ pousse
3 ① graine ② domestique ③ vétérinaire ④ botanique

Chapitre

6

어디
가세요?

🏛 은행, 우체국

바쁘다
바빠

새로운 **compte** 계좌를 만들기 위해 **banque** 은행에 갔어요. **argent** 돈을 **économiser** 절약하기 위해 **crédit** 신용 카드 사용을 줄이고, **dépôt** 예금과 **investissement** 투자는 늘리기로 했거든요. 이어서 **emprunt** 대출 관련 상담까지 받고, 외국에 있는 친구에게 **colis** 소포를 보내기 위해 **poste** 우체국에 갔어요. **guichet** 창구에서 **destinataire** 수취인의 주소를 적고, **code postal** 우편 번호까지 적어서 부치고 나니 반나절이 다 지나갔네요.

★
banque

n. f. 은행

J'ai retiré de l'argent à la banque.
나는 은행에서 돈을 인출했다.

▸ **retirer** v. 빼내다, (돈을) 인출하다

★
argent

n. m. 돈, 화폐, 금전, 재산, 은, 은화

J'ai besoin d'argent tout de suite.
나는 당장 돈이 필요하다.

★★
déposer

v. 맡기다, 예금하다, 제출하다

Elle a déposé une somme importante à la banque.
그녀는 은행에 큰 금액을 예금했다.

▸ **somme** n. f. 금액, 막대한 금액, 합계

★★★
dépôt

n. m. 예금, 위탁, 불입, 놓기, 두기

De plus en plus de banques appliquent des taux d'intérêt négatifs sur les dépôts des épargnants.
점점 더 많은 은행들이 예금자들의 예금에 대해 마이너스 이율을 적용한다.

▸ **taux** n. m. 세액, 세율 / **intérêt** n. m. 이자 / **épargnant(e)** a. 절약하는 n. (주로 복수) 예금자

★
compte

n. m. 셈, 계산, 계정, (은행의) 구좌, 예금

Je voudrais ouvrir un compte.
계좌를 개설하고 싶습니다.

★★
économiser

v. 절약하다, 아껴 쓰다, 저축하다, 저금하다

J'économise 1 000 euros par mois.
나는 한달에 1,000유로를 저축한다.

★
chèque

n. m. 수표

Je n'ai pas encore encaissé le chèque.
나는 아직 수표를 현금으로 바꾸지 않았다.

▸ **encaisser** v. (대금을) 수령하다, (어음 따위를) 현금으로 바꾸다

★
billet

n. m. (철도, 극장 따위의) 표, 지폐

Pourriez-vous me faire de la monnaie sur 10 euros, s'il vous plaît ?
10유로(지폐)를 잔돈으로 바꿔 주실 수 있을까요?

★
monnaie

n. f. 잔돈, 거스름돈, 금속 화폐, 통화

Avez-vous de la monnaie ?
잔돈 있으세요?

★★★
monétaire

a. 화폐의, 통화의

La banque centrale est chargée de la politique monétaire.
중앙 은행은 통화 정책을 담당하고 있다.

▸ **chargé(e)** a. 책임이 있는 / **politique** a. 정치의 n. f. 정치, 정책, 방침

★ crédit

n. m. 신뢰, 신용, 금융 기관, 신용 대출(금)

Payer par carte de crédit peut être plus avantageux dans certains cas.

신용 카드로 지불하는 것이 경우에 따라 더욱 유리할 수 있다.

▸ **avantageux(se)** a. 유리한, 유익한, 값이 싼

★★ bancaire

a. 은행에 관한, 은행의

Le RIB contient les coordonnées bancaires.

구좌 명세서는 계좌 번호를 포함한다.

▸ **contenir** v. 포함하다, 내포하다 / **coordonnées** n. f. pl. 연락처, 신상 명세

> **Tip** RIB는 (은행이 고객에게 발행하는) 구좌 명세서로, Relevé d'Identité Bancaire의 약자이다.

★★ banquier(ère)

a. 은행(업)의 **n.** 은행가(업자)

Il est devenu banquier d'affaires après ses études.

그는 학업을 마치고 상업은행가가 되었다.

★ finance

n. f. 금융(계) (복수) 재정, 재정 상태, 금융(증권)계

Philippe travaille dans la finance.

필립은 금융계에 종사한다.

★★ paiement

n. m. 지불, 채무의 상환, 지불금

Le paiement en plusieurs fois est accessible pour certaines commandes.

몇몇 주문의 경우 할부 결제가 가능하다.

▸ **en plusieurs fois** 여러 번에 걸쳐 / **accessible** a. (장소에) 접근할 수 있는

virement
★★

n. m. **(구좌의) 이체, 송금**

Je souhaite annuler un virement automatique.
자동 이체를 해지하고 싶습니다.

▸ **annuler** v. 해약하다, 취소하다 / **automatique** a. 자동의

transfert
★★

n. m. **이동, 이송, 이체**

Envoyer de l'argent à l'étranger sans frais de transfert est possible.
이체 수수료 없이 외국으로 돈을 보내는 것은 가능하다.

▸ **frais de transfert** n. m. pl. 이체 수수료

dette
★★★

n. f. **빚, 부채, 채무**

Il a remboursé 50 000 euros de dettes en 2 ans.
그는 2년만에 50,000유로의 빚을 갚았다.

investir
★★

v. **(자본을) 투자하다, (에) 투자하다**

Il a investi en Bourse.
그는 주식 투자를 했다.

▸ **Bourse** n. f. 증권 거래(소), 주식 시장

investissement
★★

n. m. **투자(자본)**

Calculez d'abord le rendement d'un investissement.
우선 투자 수익부터 계산하세요.

▸ **calculer** v. 계산하다 / **rendement** n. m. 수익, 생산량, 생산성

titulaire
★★★

a. **(법적) 자격(권리)를 가진** n. **(권리 따위의) 소지자, 명의인**

Le titulaire du compte doit être identique à celui indiqué sur le bulletin de salaire.
계좌 명의인은 임금 명세서에 기재된 것과 동일해야 한다.

▸ **bulletin de salaire** n. m. 임금 명세서

★★★
épargne

n. f. 절약, 저축, 예금, 적립금

Je mets 10% de mon revenu mensuel de côté
en épargne de secours.

나는 내 월급의 10%를 비상금으로 둔다(저축한다).

▸ **revenu** n. m. 소득, 수입 / **de côté** 별도의 / **de secours** 예비의,
비상용의

★★
emprunt

n. m. 대출, 돈의 차용, 차용금

Il a augmenté ses mensualités pour réduire le
coût total de ses intérêts d'emprunt.

그는 대출 이자의 전체적인 비용을 줄이기 위해 월 납부금을 올렸다.

▸ **mensualité** n. f. 매월 지불금, 월부금

★
poste

n. f. 우편, 우체국

Où se trouve le bureau de poste ?

우체국이 어디에 있나요?

▸ **se trouver** v. 있다, 존재하다

> **Tip** 우체국은 la poste 또는 le bureau de poste라고 한다.

★
postal(e)

a. 우편의, 우편에 관한

N'oubliez pas d'écrire le code postal sur
l'enveloppe.

봉투에 우편 번호 적는 것 잊지 마세요.

En voyage, elle envoie ses cartes postales à
ses amis.

그녀는 여행 중에 친구들에게 엽서를 보낸다.

▸ **carte postale** n. f. 엽서

★
timbre

n. m. 우표

Il suffira d'apposer deux timbres de 20g pour cette lettre.
편지 하나에 20g용 우표 두 개 붙이면 충분할 거야.

> **apposer** v. (우표, 광고 따위를) 붙이다 / **courrier** n. m. 우편물, 편지 / **suffire** v. 충분하다, 족하다

★
facteur(rice)

n. 우체부

Le facteur est déjà passé deux fois pour livrer les recommandés.
우체부가 등기 우편을 배달하기 위해 이미 두 번이나 들렀다.

> **recommandé** n. m. 등기 우편

★
colis

n. m. 꾸러미, 소포

J'attends un colis.
나는 소포 하나를 기다린다.

★
guichet

n. m. (은행, 매표소 따위의) 창구, (역, 극장의) 개찰구

Il est allé au guichet pour changer ses devises.
그는 그의 외화를 바꾸기 위해 (환전하기 위해) 창구로 갔다.

> **devise** n. f. 격언, 좌우명, (복수) 외화, 외국 통화

★★
destinataire
ant. expéditeur
n. 발신인

n. 수신인, 수취인

Qui est le destinataire de la facture ?
이 청구서의 수취인은 누구인가요?

> **facture** n. f. 청구서, 납품서

🎯 banque　n. f. 은행

retrait	n. m. 인출
caisse	n. f. 금고, 금융 기관, 기금, 계산대
caissier(ère)	n. 회계원, 현금 출납계원
signature	n. f. 서명, 사인
intérêt	n. m. 이자
livret d'épargne	n. m. 저금통장
bordereau	n. m. 명세서
relevé de compte	n. m. 잔고 증명서

🎯 poste　n. f. 우체국

lettre	n. f. 편지
paquet	n. m. 꾸러미, 소포, 수하물, 포장, 상자
colis	n. m. 소포
timbre	n. m. 우표
enveloppe	n. f. 봉투
changement d'adresse	n. m. 주소 변경

연습문제

1 프랑스어 단어를 보고 적합한 의미를 찾아 선으로 연결해 보세요.

transfert   •   • 우표

dette   •   • 이동, 이송, 이체

timbre   •   • 잔돈, 거스름돈

monnaie   •   • 빚, 부채, 채무

Jour 24

2 주어진 문장을 보고 빈칸에 알맞은 프랑스어 단어를 보기에서 골라 적어 보세요.

> **보기**   colis   finance   chèque   monétaire

1 Je n'ai pas encore encaissé le _____.
아직 수표를 현금으로 바꾸지 않았다.

2 La banque centrale est chargée de la politique _____.
중앙 은행은 통화 정책을 담당하고 있다.

3 J'attends un _____.
나는 소포 하나를 기다린다.

4 Philippe travaille dans la _____.
필립은 금융계에 종사한다.

3 주어진 우리말 단어를 보고 프랑스어로 적어 보세요.

1 우체부   _____

2 (구좌의) 이체, 송금   _____

3 절약하다, 저축하다   _____

4 맡기다, 예금하다   _____

정답

1 transfert - 이동, 이송, 이체, dette - 빚, 부채, 채무, timbre - 우표, monnaie - 잔돈, 거스름돈

2 ① chèque ② monétaire ③ colis ④ finance

3 ① facteur ② virement ③ économiser ④ déposer

🔊 25

🚇 교통, 도로, 길 찾기

💬
**아직은
초보 운전**

얼마 전 **permis de conduire** 면허증을 땄어요. 아직 **autoroute** 고속 도로도 타 본 적 없는 초보 운전이죠. **transport en commun** 대중교통을 이용해서 **déplacer** 이동하는 게 익숙했지만, 다른 도시로 출장이 잦아지면서 **voiture** 자동차를 구매할 수밖에 없었지요. 얼마 전에는 **circulation** 통행량이 많은 곳에서 느린 **vitesse** 속도로 **conduire** 운전하다가 택시 **chauffeur** 기사에게 눈총을 받기도 하고, **rond-point** 로터리에서 빙글빙글 **tourner** 돌다가 겨우 빠져 나온 적도 있어요. 최대 난관은 **se garer** 주차하는 건데 언제쯤 나아질까요?

★
voiture

n. f. 자동차, (열차, 지하철의) 객차, 차량

Tu viens en voiture ?
너 차 타고 오니?

★★
véhicule

n. m. 차량, 탈것, 교통수단

J'ai toujours voulu acheter un véhicule tout-terrain.
나는 항상 지프차를 사고 싶었다.

▸ **tout-terrain** a. (여성 불변) (pl. tout-terrains) (자동차가 도로 외) 어디라도 달릴 수 있는

> **Tip** 일반적으로 자동차는 voiture라고 하며 행정적, 기술적 용어로는 automobile을 사용한다. véhicule은 자동차 외에도 마차, 장갑차, 우주선 등 탈것을 두루 의미할 수 있다.

★
conduire

v. 운전하다, 조종하다, (어떤 장소로) 데리고 가다

En France, on peut passer le permis de conduire dès l'âge de 18 ans.
프랑스에서는, 18살부터 운전면허 시험을 볼 수 있다.

▸ **permis de conduire** n. m. 운전 면허증 / **dès** (시간, 서열, 순서) ~부터

★
se garer

v. 주차(정박)하다 (garer v. (차를) 주차시키다, (차, 선박을 안전한 곳에) 대다, 넣다)

Je vais me garer ici.
나 여기에 주차할게.

Où avez-vous garé votre voiture ?
(당신의 차를) 어디에 주차하셨나요?

★
route

n. f. (도시 간의) 도로, 육로, 도로 교통, 여정

Chaque année, plus de 1,3 millions de personnes meurent dans des accidents de la route.
매년, 교통 사고로 130만 명 이상이 사망한다.

★
chemin

n. m. 길, 도로, (가야 할) 길, 여정

Il n'y a plus de chemin.
더 이상 길이 없어.

> **Tip** route와 chemin은 동의어로도 사용되나 route는 주로 차가 다니는 도로를 의미하고, chemin은 그보다 더 좁은 도로 또는 좀 더 넓은 개념에서 사람이 다니는 길까지 포함한다.

★
autoroute

n. f. 고속 도로

L'autoroute A75 n'est pas payante.
A75 고속 도로는 유료가 아니야.

> **payant(e)** a. 지불하는, 유료의

★
circulation

syn. trafic

n. f. 교통, 통행, 통행량

De nouvelles dispositions sont mises en place en matière de circulation routière.
도로 교통과 관련하여 새로운 조치들이 실행된다.

> **mettre en place** 실시하다, 확립하다 / **en matière de** ~와(과) 관련하여 / **routier(ère)** a. 도로의, 도로를 이용한

★★★
péage

n. m. (도로, 교량 따위의) 통행료, 톨게이트

Le prix des péages continue à augmenter.

통행료는 계속해서 인상되고 있다.

★★
transport en commun

n. m. 대중교통

À Paris, il vaut mieux prendre les transports en commun.

파리에서는 대중교통을 이용하는 것이 낫다.

★
arrêt

n. m. 멈춤, 정지, 정류장

Je t'attends à l'arrêt de bus.

나는 버스 정류장에서 너를 기다린다.

★
déplacer

v. 옮겨 놓다, 이동시키다 (se déplacer v. 움직이다, 이동하다)

Il a déplacé des meubles. Qu'en penses-tu ?

그가 가구들을 옮겨 놓았어. 너는 어떻게 생각하니?

Je me déplace en taxi, c'est plus pratique.

나는 택시로 이동한다, 그게 더 실용적이다.

★
passage

n. m. 통행, 통과, 횡단, 통로

Un conducteur alcoolisé, a renversé une femme de 70 ans sur un passage protégé.

음주 상태의 운전자가 횡단보도에서 70대 여성을 쳤다.

▷ **alcoolisé(e)** a. 알코올을 함유한 / **renverser** v. 넘어뜨리다, 쓰러뜨리다 / **passage protégé** n. m. 횡단보도

> **Tip** 횡단보도는 주로 passage piéton 또는 passage pour piéton, passage clouté라고 하므로 함께 알아 두자.

★★
piéton(ne)

a. 보행자 전용의 n. (여성형은 드물게 쓰임) 보행자

C'est une zone piétonne, c'est-à-dire que la circulation est réservée aux piétons.
이곳은 보행자 공간입니다. 다시 말하자면, 통행은 보행자들만 가능합니다.

▸ **réservé(e) à** ~ 전용의, ~에게 할애된

★
traverser

v. 횡단하다, 건너다, 가로지르다

Regarde bien des deux côtés quand tu traverses la route.
도로를 건널 때 양쪽을 잘 보렴.

▸ **côté n. m.** (좌·우) 측면

★
trajet

n. m. 여정, 도정, 경로

Notre pèlerinage de Compostelle était un long trajet.
우리의 산티아고 성지 순례는 긴 여정이었다.

▸ **pèlerinage de Compostelle** n. f. 산티아고 성지 순례

★★
franchir

v. 뛰어넘다, 건너다

Une enquête indique qu'environ 42% des Français avaient déjà franchi un feu rouge.
한 조사에서 약 42%의 프랑스인들이 빨간불에 길을 건넜다고 밝혔다.

Tip 일반적으로 길을 건너는 것을 표현할 때에는 주로 traverser동사를 사용한다.

★★
itinéraire

a. 여정의 n. m. 여행 코스, 경로, 도정 안내기

On trouve facilement le meilleur itinéraire avec son portable.
휴대폰으로 제일 좋은 경로를 쉽게 찾아낸다.

Tip trajet와 itinéraire는 동의어로도 사용되나 trajet는 주로 여행의 전체적인 총량(여정)을 일컫는 경우가 많고, itinéraire는 여러 군데 코스를 포함한 경로 또는 안내되는 경로를 말할 때 사용한다.

tramway

★

n. m. 시가 전차, 노면 전차

Compostez votre ticket dès l'entrée dans le tramway.

전차에 탑승하자마자 티켓을 개찰하세요.

▸ **composter** v. (자동 개찰기로) 개찰하다, (차표를) 찍다 / **entrée** n. f. 접근, 출입

> **Tip** 프랑스의 트램(지상 전차) 탑승 시, 티켓을 자동 개찰 기계에 찍어야 한다. 개찰하지 않고 소지만 한 채 탑승한 경우 검표원이 벌금을 부과할 수 있다.

camion

★

n. m. 화물차, 트럭

Un camion surchargé a glissé sur une colline en marche arrière.

과적한 트럭이 언덕에서 뒤로 미끄러졌다.

▸ **surchargé(e)** 너무 무겁게 실은, 과중한 / **glisser** v. 미끄러지다

chauffeur

★

n. m. (자동차) 운전자, 운전기사

Un chauffeur de taxi s'est fait agresser dans son véhicule.

한 택시 운전사가 자신의 차량에서 공격당했다.

▸ **agresser** v. 공격(습격)하다

> **Tip** 'se faire+동사 원형'은 수동의 의미를 가진다.

acheminer

★★★

v. (~(으)로) 향하게(가게) 하다, 발송하다, 보내다

50 tonnes de matériels médicals seront acheminées vers la Syrie.

50톤의 의료 물자가 시리아로 보내질 것이다.

▸ **tonne** n. f. 톤 / **médical(e)** a. 의학의, 의사의, 약의

★
sentier

n. m. 오솔길

Il habite au bout du sentier, donc, descendons et marchons.
그는 오솔길 끝에 살고 있어, 그러니, 내려서 걷자.

▸ au bout de ~의 끝에, 후에

★
trottoir

n. m. 보도, 인도

Ce qui m'énerve, ce sont les crottes de chien sur le trottoir.
날 화나게 하는 건, 보도 위의 개똥들이야.

▸ énerver v. 신경질(짜증) 나게 하다

★
pont

n. m. 다리, 교량

Je viens de passer le Pont Mirabeau.
나는 방금 미라보 다리를 지나갔다.

> Tip 파리 센강의 퐁네프는 'Pont Neuf 새로운 다리'라는 의미이다. 그러나 이름과는 달리 파리에서 가장 오래된 다리이다.

★★
rond-point

n. m. (pl. ronds-points) (여러 갈래의 길이 모여드는) 원형 교차로, 로터리

Après le rond-point, tu verras un grand immeuble.
로터리 지나서, 커다란 건물이 보일 거야.

★
tourner

v. 돌다, 방향을 바꾸다

Tournez à gauche au carrefour.
사거리에서 왼쪽으로 꺾으세요.

▸ carrefour n. m. 교차로, 사거리

★
droite

n. f. 오른편, 우측

Prenez la prochaine rue à droite.
다음에 나오는 오른쪽 길로 가 주세요.

★★
virage

n. m. (자동차, 비행기, 선박의) 방향전환, 회전, (도로의) 커브

Il a quand même bien négocié le virage.
그는 그래도 커브를 꽤 잘 돌았다.

▸ **négocier** v. 교섭하다, (커브를) 돌다

★★
perturber

v. 혼란케 하다, 어지럽히다, 방해하다

Le trafic routier est perturbé par la grève.
도로 교통이 파업으로 인해 마비되고 있다.

▸ **trafic** n. m. 교통

★★
signalisation

n. f. 신호, 표지

Les panneaux de signalisation routière nous informent des dangers potentiels.
교통 표지판은 우리에게 잠재적인 위험을 알린다.

▸ **panneau** n. m. 널빤지, 표지판 / **potentiel(le)** a. 가능성을 지닌, 잠재적인

★★
vitesse

n. f. 빠름, 속도, 속력

En France, 30% des accidents de la route sont dus à une vitesse trop élevée.
프랑스에서 교통사고의 30%는 너무 높은 속도가 원인이다.

▸ **dû(e) à** ~(으)로 인한 / **élevé(e)** a. 높은

distance
★★

n. f. **(공간적인) 거리, 간격, 노정, (시간상의) 간격**

Quelle est la distance entre Paris et Nice ?
파리와 니스 사이 거리가 어떻게 돼?

ralentisseur
★★

n. m. **감속 장치, 과속 방지 턱**

Attention aux ralentisseurs !
과속 방지 턱 조심해!

piste
★★

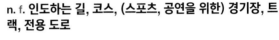

n. f. **인도하는 길, 코스, (스포츠, 공연을 위한) 경기장, 트랙, 전용 도로**

Les pistes cyclables ne sont pas réservées qu'aux cyclistes, mais aussi aux adeptes de skateboard et de patins à roulettes, etc.
자전거 도로는 자전거 타는 사람만을 위한 게 아니라, 스케이트보드와 롤러스케이트 등 애호가들을 위한 것이기도 하다.

> **cyclable** a. (도로가) 자전거 전용의 / **cycliste** a. 자전거의 n. 사이클 선수, 자전거 타는 사람 / **patin à roulettes** n. m. 롤러스케이트 / **adepte** n. 추종자, 애호가

Jour
25

🎯 moyen de transport　n. m. 교통수단

voiture	n. f. 자동차
taxi	n. m. 택시
bus	n. m. 버스
motocyclette, moto	n. f. 오토바이
vélo	n. m. 자전거
tramway (tram)	n. m. 트램
train	n. m. 기차
bateau	n. m. 배
avion	n. m. 비행기
hélicoptère	n. m. 헬리콥터

🎯 station　n. f. 정류장

gare	n. f. 기차역
station de métro	n. f. 지하철역
station de taxi	n. f. 택시 정류장
arrêt de bus	n. m. 버스 정류장
station-service	n. f. 주유소

🎯 voiture   n. f. 자동차

volant	n. m. 운전대
siège	n. m. 좌석
essuie-glace	n. m. 와이퍼
rétroviseur central	n. m. 백미러
rétroviseur extérieur	n. m. 사이드미러
pare-brise	n. m. 앞 유리창
capot	n. m. 보닛
roue	n. f. 바퀴
pneu	n. m. 타이어
phare	n. m. 헤드라이트, 전조등, 상향등
clignotant	n. m. 깜빡이
portière	n. f. 차문
pare-choc	n. m. 범퍼
vitre	n. f. 유리창

연습문제

1 프랑스어 단어를 보고 적합한 의미를 찾아 선으로 연결해 보세요.

véhicule • • 여행 코스, 경로

franchir • • 뛰어넘다, 건너다

itinéraire • • 오솔길

sentier • • 차량, 탈것

2 주어진 문장을 보고 빈칸에 알맞은 프랑스어 단어를 보기에서 골라 적어 보세요.

> **보기**   Tournez   déplace   garer   péages

1 Je vais me ＿＿＿＿＿ ici.
나 여기에 주차할게.

2 Le prix des ＿＿＿＿＿ continue sa progression.
통행 요금은 계속해서 인상되고 있다.

3 ＿＿＿＿＿ à gauche au carrefour.
사거리에서 왼쪽으로 꺾으세요.

4 Je me ＿＿＿＿＿ en taxi, c'est plus pratique.
나는 택시로 이동한다, 그게 더 실용적이다.

3 주어진 우리말 단어를 보고 프랑스어로 적어 보세요.

1 교통, 교통량 ＿＿＿＿＿＿＿＿＿＿

2 대중교통 ＿＿＿＿＿＿＿＿＿＿

3 거리, 간격 ＿＿＿＿＿＿＿＿＿＿

4 보행자 ＿＿＿＿＿＿＿＿＿＿

....

정답
1 véhicule - 차량, 탈것, franchir - 뛰어넘다, 건너다, itinéraire - 여행 코스, 경로, sentier - 오솔길
2 ① garer ② péages ③ Tournez ④ déplace
3 ① circulation ② transport en commun ③ distance ④ piéton

프랑스어 능력시험 DELF

DELF는 정식 명칭 Diplôme d'études en langue française (이하 DELF, 일반 프랑스어 능력 시험 - A1, A2, B1, B2)로, 프랑스 교육부에서 발급하는 프랑스어 공인 인증 시험입니다. 프랑스어를 모국어로 사용하지 않는 사람들의 프랑스어 구사 능력 수준을 평가, 검증하며 DELF는 전 세계적으로 통용되는 공신력 높은 자격증입니다. DELF 자격증으로 프랑스어 실력을 객관적으로 증명할 수 있을 뿐만 아니라, 최근 국내 대학의 불어불문학과에서 졸업 시험 대신 DELF 자격증을 요구하는 추세입니다. 또한 불어불문학과 대학원 지원 및 졸업 시에도 B1 이상의 DELF 자격증이 필요합니다. 프랑스 국립 대학 학사 및 석사 과정 지원을 준비한다면, DELF B2 이상의 성적이 반드시 필요합니다. 그 외에도 프랑스 및 프랑스어권 관련 정부 기관, 대사관, 공공 기관, 대기업 인재 선발 및 승진, 프랑스어권 해외 파견 시 DELF 자격이 반영되고 있습니다.

DELF A1	프랑스어 입문 단계 (약 80~100시간의 실용 학습) 인사, 간단한 의사 소통 및 자신의 이야기 등 기초적인 프랑스어 지식을 측정하는 입문 단계
DELF A2	프랑스어 초보 단계 (약 160~280시간의 실용 학습) '존댓말' 사용, 기초적인 사항들에 대한 의사소통이 가능한지 측정하는 초보 단계. 기본적인 프랑스어 구사 능력과 문법의 정확성을 평가
DELF B1	프랑스어 실용 구사 단계 (약 350~400 시간의 실용 학습) 기초, 기본 단계를 넘어서는 실용 구사 단계. 응시자의 토론 및 의견 구사 능력, 일상 속 다양한 상황들에 적합한 프랑스어 회화 능력 평가
DELF B2	프랑스어 독립 구사 단계 (약 550~650시간의 실용 학습) 응시자가 자신의 관점을 설명하고 의견을 자유롭게 펼칠 수 있는지 평가. 회화뿐만 아니라, 대화상 협상 능력까지 평가

하나쯤
즐기는
취미 생활

🏛 다양한 취미

**기분 전환도
다양하게**

전 엄청난 cinéphile 영화팬이예요. 제게 최고의 divertissement 오락은 cinéma 영화관에 가는 거죠. 예전에는 affiche 포스터와 bande-annonce 예고편을 보고 film 영화를 골랐다면, 이제는 réalisateur 감독과 acteur 배우 한 명 한 명까지 고려하는 편이에요. musique 음악을 écouter 듣거나 console 콘솔 앞에서 시간을 보내는 것도 좋아해요. spectacle 공연을 보러 가는 것도 좋아하지만 가격이 비싸서, 주로 conservatoire 음악 학교에서 하는 저렴한 concert 연주회에 간답니다.

★
cinéma

n. m. 영화(계), 영화관

On va au cinéma.
우리는 영화관에 간다.

★
film

n. m. 영화

J'ai vu un film de Jean Luc Godard hier soir.
나는 어제 장 뤽 고다르의 영화 한 편을 봤다.

> **Tip** 영화 장르를 지칭할 땐 'le cinéma 영화', 작품으로써 영화를 지칭할 땐 'un film 영화 한 편'이라고 한다.

★★
affiche

n. f. 포스터, 벽보, (극장, 음악회) 공연(상연) 프로그램

Ce film est maintenant à l'affiche au cinéma.
이 영화는 지금 영화관에 상영 중이다.

▸ **être à l'affiche** (극장에서) 상영 중이다

★
écran

n. m. 스크린, (텔레비전의) 화면, 영사막

Éloigne-toi de l'écran !
화면에서 멀리 떨어져! (TV 등 화면을 너무 가까이에서 볼 때)

▸ **s'éloigner** v. ~을(를) 떠나다, (~에서) 멀어지다

★★ critiquer

v. 비평하다, 비판하다, 비난하다

Cette scène a été énormément critiquée par les internautes.
이 장면은 네티즌들에게 매우 비난받았다.

> **scène** n. f. (연극, 영화의) 장면, 무대 / **énormément** ad. 엄청나게, 막 대하게, 매우 / **internaute** n. 인터넷 이용자, 네티즌

★★ effet

n. m. 결과, 효과, 효력, (음향, 전기의) 효과, 특수 현상

Les effets spéciaux sont très réussis.
특수 효과가 아주 훌륭하다.

> **réussi(e)** a. 성공적으로 이루어진, 잘된, 훌륭한, 뛰어난

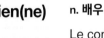

★ réaliser

v. (영화, 방송) 감독하다, 연출하다, 실현(실행)하다

Il a réalisé son premier film avec son smartphone.
그는 그의 첫 영화를 스마트폰으로 만들었다.

★★ réalisateur (rice)

n. (영화의) 감독, (방송의) 연출자, PD

Cette réalisatrice a obtenu le Grand Prix du Jury au Festival de Cannes.
이 영화감독은 칸 영화제에서 감독상을 받았다.

> **Tip** 감독을 부르는 다른 명칭으로는 'metteur(se) en scène n. 연출가, 영화감독', 'cinéaste n. 영화인'도 있다. producteur(rice)는 감독이 아니라 배급 등을 담당하는 제작자에 해당한다.

★★ comédien(ne)

n. 배우

Le comédien musical a tout intérêt à développer des talents comme le chant et la danse.
뮤지컬 배우는 노래나 춤과 같은 재능들을 발달시키는 데 관심이 많다.

> **avoir intérêt** 관심이 있다

> **Tip** 기본적으로 acteur는 주로 영화에서, comédien은 극장에서 연기하는 배우를 뜻하지만 실제 회화에서 항상 명확하게 구분하여 사용하는 것은 아니다.

inspirer
★★

v. 영감을 주다, (감정, 사상 따위를) 불러 일으키다, 고취하다

Son scénario a été inspiré de faits réels qui se sont produits dans les années 90.
그의 시나리오는 90년대에 발생한 실제 사실에서 영감을 받았다.

▸ **scénario** n. m. (영화) 각본, (연극의) 공연 대본, (소설의) 줄거리 / **réel(le)** a. 현실의, 실재의, 실제의 / **se produire** v. (주어는 사물) 일어나다, 발생하다

dessin animé
★★

n. m. 만화 영화, 애니메이션 (영화)

Ce dessin animé est sorti en 2015.
이 애니메이션은 2015년에 개봉했다.

▸ **sortir** v. 나가다, 출판되다, 개봉하다

bande-annonce
★★

n. f. (영화의) 예고편

La bande-annonce du long-métrage « Intouchables » a été dévoilée le 20 septembre.
장편 영화 '언터쳐블'의 예고편이 9월 20일 베일을 벗었다.

▸ **dévoiler** v. 베일을 벗기다, 드러내다 / **métrage** n. m. (영화) (필름, 영화의) 길이

Tip 'court-métrage n. m. 단편 영화', 'long-métrage n. m. 장편 영화'도 알아 두자.

personnage
★★

n. m. (중요한) 인물, 인사, (소설, 연극의) 등장 인물, 배역, 역할

Les personnages principaux sont tous exceptionnels.
주인공들이 모두 뛰어나다.

▸ **principal(e)** a. 중심적인, 중요한 / **exceptionnel(le)** a. 예외적인, 특별한, 뛰어난

interpréter
★★★

v. 해석하다, 통역하다, 연기하다, 연주하다

Les enfants acteurs ont interprété leur rôle mieux que les adultes.

아역 배우가 어른보다 그들의 역할을 더 잘 연기했다.

▸ **enfant** a. (불변) 어린이의 n. 어린이, 아동

---

sous-titre
★

n. m. (영화의) 자막, (책의) 부제

Je n'ai pas trouvé les sous-titres correspondant à la vidéo.

영상에 맞는 자막을 찾지 못했다.

Tip 영화의 '제목'은 남성 명사 titre이다.

---

doublage
★★

n. m. (연극, 영화) 대사의 녹음, 더빙

Cet acteur de doublage a joué dans de nombreuses séries policières.

이 성우는 수많은 탐정물을 더빙했다.

▸ **série policière** n. f. 탐정물

Tip 더빙되지 않은 오리지널 버전의 영화는 film en VO (version originale), 프랑스어로 더빙된 영화는 film en VF (version française)라고 한다.

---

cinéphile
★★

a. 영화팬의 n. 영화팬

Dis donc ! Tu es un vrai cinéphile.

아니! 너는 진정한 영화팬이구나.

▸ **dis donc** 여봐라, 아니, 이봐

---

adaptation
★★

n. f. (작품의) 번안, 각색, 적응(순응)하기(시키기)

Cette pièce de théâtre est l'adaptation d'un roman.

이 연극 작품은 소설 각색이다.

▸ **pièce** n. f. 조각, (문학, 음악의) 작품, 방

★ musique

n. f. 음악, 음악 작품, 곡

Quel genre de musique aimes-tu ?
너는 어떤 장르의 음악을 좋아해?

★ écouter

v. 듣다

Elle écoute de la musique.
그녀는 음악을 듣는다.

> **Tip** 'écouter de la musique 음악을 듣다'는 부분 관사를, 'écouter la radio 라디오를 듣다'
> 는 정관사를 사용한다. 관사의 사용에 유의하자.

★ spectacle

n. m. 광경, 쇼, (연극·영화·무용의) 공연, 연극, 영화

C'est du grand spectacle !
대단한 광경이다!

> **Tip** 추상적인 표현은 주로 부분 관사와 함께 사용한다.
> **예 du grand spectacle** 대단한 광경
> **du beau travail** 아름다운 작업

★ concert

n. m. 음악회, 연주회, 콘서트

Le concert de ce soir est annulé.
오늘 저녁 콘서트는 취소되었다.

  ▸ **annulé(e)** a. 취소된

★★ conservatoire

n.m. (음악, 연극의) 예술 학교, 음악 학교

Un étudiant du Conservatoire nous donne un
cours de violoncelle.
한 음악 학교 학생이 우리에게 첼로를 가르친다.

  ▸ **donner un cours** 수업하다, 강의를 진행하다

morceau ★★

n. m. 조각, 부위, 부분, (문학 작품의) 한 부분

Je vais te passer un morceau de musique, il est génial.

내가 너에게 음악 한 곡 보내 줄게, 아주 뛰어나.

▸ **génial(e)** a. 천재적인, 뛰어난, 훌륭한

> **Tip** morceau는 음식물이나 종잇조각 등, 주로 '일부'를 나타내는 데 쓰이지만 morceau de musique의 경우, '음악 한 곡'을 의미한다. pièce de musique라고 하는 경우 뜻이 비슷해 보이지만, '음악 작품'의 뉘앙스를 띠므로 주로 클래식 음악 등을 말하기 위해 사용한다.

orchestre ★

n. m. 오케스트라, 관현악(단)

L'Orchestre philharmonique de Montréal interprète la « Symphonie N°2 ».

몬트리올 필하모닉 오케스트라가 심포니 2장을 연주한다.

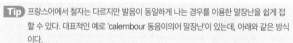

compositeur (rice) ★

n. 작곡가

Cette jeune compositrice est connue dans le monde entier.

이 젊은 작곡가는 세계적으로 유명하다.

▸ **connu(e)** a. 유명한, 잘 알려진 / **monde entier** n. m. 전세계

jeu ★

n. m. 놀이, 장난, 경기, 시합, 게임, 연주

Les Français aiment les jeux de mots.

프랑스인들은 말장난을 좋아한다.

▸ **mot** n. m. 낱말, 단어

> **Tip** 프랑스어에서 철자는 다르지만 발음이 동일하게 나는 경우를 이용한 말장난을 쉽게 접할 수 있다. 대표적인 예로 'calembour 동음이의어 말장난'이 있는데, 아래와 같은 방식이다.
> **예 Les mots rendent les cris vains.** 단어들이 무익한 외침을 만든다.
> ('les cris vains 무익한 외침'은 'l'écrivain 작가'와 동일하게 발음된다.)

console

★

n. f. (게임기) 콘솔, (컴퓨터 따위의) 조작(제어)대

Ma mère ne me laisse pas longtemps devant la console.

엄마는 나를 콘솔 앞에 오래 두지 않는다.

> **Tip** 플레이스테이션과 같은 게임기의 조작대를 콘솔이라고 한다.

tricher

★★★

v. (놀이, 도박에서) 속임수를 쓰다, (시험에서) 커닝하다, 부정행위를 하다

Je l'ai vu tricher aux jeux de cartes.

나는 그가 카드 게임에서 속임수 쓰는 것을 봤다.

attraction

★★

n. f. 매력, 유혹, (흔히 복수) 구경거리, 오락

Mon parc d'attraction préféré est le Parc Asterix.

내가 선호하는 놀이공원은 아스테릭스 파크야.

> **parc d'attraction** n. m. 놀이공원

divertissement

★

n. m. 기분 전환, 휴식, 오락

La chaîne France 3 a inauguré sa nouvelle émission de divertissement.

프랑스3 채널은 새로운 오락 프로그램을 시작했다.

> **chaîne** n. f. 채널 / **inaugurer** v. 시작(개시)하다, 개막식(개통식)을 하다
> / **émission** n. f. (TV) 프로그램

distraire

★★★

v. (~의) 기분을 풀어 주다, 즐겁게 해 주다, 주의를 산만하게 하다

Elle essaye de nous distraire de notre chagrin.

그녀는 우리의 슬픔을 달래 주려 노력한다.

> **essayer** v. 시도하다, 애쓰다, 노력하다 / **chagrin** n. m. (마음의) 괴로움, (특정한 일로 인한) 슬픔, 비애

Bonus!
단어

genre de film　　n. m. 영화 종류

comédie	n. f. 희극, 코미디
drame	n. m. 드라마
action	n. f. 액션
romance	n. f. 로맨스
historique	a. 역사의, 역사적인
aventure	n. f. 모험
thriller *	n. m. 스릴러
suspense	n. m. 서스펜스
science-fiction (SF)	n. f. 공상 과학
fantastique	a. 환상적인, 상상의
catastrophe	n. f. 대재앙
film d'horreur	n. m. 공포 영화
péplum	n. m. 고대 사극
biographique	a. 전기의, 전기적인

Tip

- 영화 장르를 나타낼 때, 명사의 경우 'film+명사' 형태로 말하거나 단독으로 사용하고, 형용사는 'film+형용사'로 표현한다. 공포 영화는 전치사 de로 연결하여 'film d'horreur'와 같이 말한다.

* thriller는 [tʀilœ(ɛ):ʀ], [sʀilœ:ʀ]으로 발음할 수 있다.

🎯 genre de musique   n. m. 음악 장르

classique	n. m. 고전 음악, 클래식
jazz	n. m. 재즈
rock	n. m. 로큰롤
hip-hop *	n. m. 힙합
musique de film	n. f. 영화 음악
valse	n. f. 왈츠
musique électronique	n. f. 전자 음악

 *   hip-hop의 발음은 [ipɔp]이다.

연습문제

1 프랑스어 단어를 보고 적합한 의미를 찾아 선으로 연결해 보세요.

divertissement •   • 영화관

musique •   • 해석하다, 연기하다

interpréter •   • 오락

cinéma •   • 음악

2 주어진 문장을 보고 빈칸에 알맞은 프랑스어 단어를 보기에서 골라 적어 보세요.

> 보기   effets   spectacle   morceau   sous-titres

1 Les _____ spéciaux sont très réussis.
특수 효과가 아주 훌륭하다.

2 Je n'ai pas trouvé les bons _____ correspondants
à la vidéo. 영상에 맞는 자막을 찾지 못했다.

3 C'est du grand _____ !
대단한 광경이다!

4 Je vais te passer un _____ de musique, il est génial.
내가 너에게 음악 한 곡 보내 줄게, 아주 뛰어나.

3 주어진 우리말 단어를 보고 프랑스어로 적어 보세요.

1 영감을 주다   _____

2 (작품의) 각색   _____

3 (소설, 연극의) 등장인물   _____

4 포스터, 벽보   _____

....

정답
1 divertissement - 오락, musique - 음악, interpréter - 해석하다, 연기하다, cinéma - 영화관
2 ① effets ② sous-titres ③ spectacle ④ morceau
3 ① inspirer ② adaptation ③ personnage ④ affiche

Jour 27

🔊 27

🏰 여행

💬

**가끔 여행
가는 게
낙이에요**

오랜만에 **lointain** 먼 곳으로 **voyager** 여행을 떠나게 된 적이 있어요. **départ** 출발 날짜와 **vol** 비행 시간도 잘 확인하고, **escale** 기항지에서도 짧은 **excursion** 소풍을 하기로 결정했지요. 하지만 모든 것이 **plan** 계획대로 흘러가진 않는 법. 멋진 **paysage** 경치를 구경하다 그만 길을 **perdu** 잃었답니다. 지나가던 **touriste** 관광객들의 도움으로 아슬아슬한 **aventure** 모험은 마무리됐지만, 그 때의 **souvenir** 기억은 지금도 아찔해요.

★
voyager

v. 여행하다

J'ai voyagé dans tous les pays du monde.
나는 세계의 모든 국가들을 여행했다.

★
voyage

n. m. 여행

Les jeunes n'aiment pas les voyages organisés par les agences de voyage.
젊은이들은 여행사가 모두 계획한 여행을 좋아하지 않는다.

▸ **agence** n. f. 대리점, 대행 사무소

★★
parcourir

v. 두루 돌아다니다, (단계, 과정을) 마치다

Jean et moi avons parcouru l'Europe en voiture.
장과 나는 차로 유럽을 두루 돌아다녔다.

★
voyageur(se)

a. 여행하는, 여행을 좋아하는 n. 여행자, 승객, 여행가

La Syrie se classe parmi les pays les plus dangereux pour les voyageurs.
시리아는 여행자들에게 제일 위험한 국가로 분류된다.

▸ **se classer** v. 분류되다, 등급이 매겨지다

> **Tip** voyageurs와 'voyagiste n. 관광 여행업자, 여행 알선업자'를 혼동하지 않도록 주의하자.

---

touriste

★

n. 관광객, 여행객

Ce restaurant est bondé de touristes pendant le weekend.
이 레스토랑은 주말 동안에 관광객들로 붐빈다.

▸ **bondé(e)** a. 가득 찬, 만원인

tourisme

★

n. m. 관광, 여행, 유람

Demandez des informations sur la ville à l'office de tourisme.
여행 안내소에서 도시에 대한 정보들을 물어보세요.

▸ **office de tourisme** n. m. 여행 안내소

excursion

★★

n. f. 소풍, 산책, (가벼운) 여행

Ils sont partis faire une excursion touristique d'une journée.
그들은 당일치기 관광 여행을 떠났다.

▸ **touristique** a. 관광의, 관광객을 끄는, 구경할 만한

carte

★

n. f. 카드, 지도, 메뉴

Une carte du monde est affichée à côté de mon lit.
내 침대 옆에는 세계 지도가 붙어 있다.

▸ **afficher** v. 게시하다, 붙이다

plan

★

n. m. (도시, 교통망 따위의) 지도, 도면, 평면도, 계획

Prends un plan du métro !
지하철 노선도를 챙겨!

> **Tip** 세계 지도, 한 국가의 지도, 여러 지역들을 보여 줄 땐 carte를, 한 도시나 지역, 구역, 집의 평면도를 보여 줄 땐 plan을 사용한다.

★
tour

n. m. 일주, 한 바퀴 돌기, 탑

Elle a fait le tour du monde en sac à dos.

그녀는 배낭을 메고 세계 일주를 했다.

▸ **sac à dos** n. m. 배낭

★
perdu(e)

a. 잃은, 사라진, 없어진

Excusez-moi Madame, je suis perdu.

실례합니다 부인, 저는 길을 잃었어요.

★★
paysage

n. m. 경치, 풍경, 풍경화

On a traversé les paysages majestueux du Grand Canyon.

우리는 그랜드캐니언의 장엄한 경치들을 횡단했다.

▸ **majestueux(se)** a. 위엄있는, 장엄한

★★★
pittoresque

a. 그림이 될 만한, 경치가 좋은, 생동감 있는 n. m. 그림의 소재가 될 만한 아름다움, 생생함

Ces photos ont été prises sur le site pittoresque de la Petite France de Strasbourg.

이 사진들은 스트라스부르 쁘띠 프랑스의 그림같은 장소에서 촬영되었다.

▸ **site** n. m. 위치, 지역, 터, 현장

Tip 쁘띠 프랑스는 프랑스 동북부에 위치한 도시 스트라스부르의 역사 문화 지구로, 유네스코 세계 유산으로 지정되었다.

★★
lointain(e)

a. 먼, 멀리 떨어진 n. m. 먼 곳

Il a vécu dans un pays lointain.

그는 멀리 떨어진 나라에 살았다.

---

aventure ★

n. f. 모험, 뜻밖의 일

Changer de destination a été une grande aventure pour moi.

목적지를 바꾸는 것은 나에게 커다란 모험이었다.

▸ **destination** n. f. 목적지, 행선지

réserver ★

v. 예약하다

J'ai réservé une chambre d'hôtel avec une vue sur la mer.

바다 전망의 호텔 룸을 예약했다.

▸ **hôtel** n. m. 호텔 / **vue** n. f. 시각, 조망, 전망

départ ★

n. m. 출발, 출항, 이륙

C'est l'heure du départ.

출발 시간이다.

retour ★

n. m. 돌아옴, 귀환, 귀로

Bon retour !

잘 돌아왔어!

souvenir ★★

n. m. 기억, 기억력, 기념, 기념품

Cela restera un très beau souvenir.

그것은 아주 아름다운 기억으로 남을 거야.

▸ **rester** v. (같은 장소에) 남다, 길이 남다

★★
croisière

n. f. (배, 요트에 의한) 항해 유람, 크루즈 여행

Ils font une croisière en Méditerranée pour fêter leur anniversaire de mariage.
그들은 결혼기념일을 축하하기 위해 지중해 크루즈 여행을 한다.

▸ **fêter** v. 축하하다 / **Méditerranée** n. f. 지중해

★★★
paquebot

n. m. 대형 여객선, 정기선

Un grand paquebot transporte plus de 3000 passagers.
대규모의 여객선은 3,000명 이상의 승객을 운송한다.

▸ **transporter** v. 운반(수송, 운송)하다 / **passager(ère)** n. (배, 비행기, 차의) 승객

★
aéroport

n. m. 공항

Je voudrais aller à l'aéroport de Paris-Charles-de-Gaulle.
파리 샤를 드골 공항에 가고 싶습니다.

Tip 'Aéroport de Paris-Charles-de-Gaulle 파리 샤를 드골 공항'은 프랑스 파리의 북쪽 교외에 있는 국제공항이다.

★★
vol

n. m. 비행, 비행편, 항공편

Ton vol est à quelle heure ?
네 비행편은 몇 시니?

Tip vol은 '도둑질, 절도, 도난'의 뜻도 있다.
예 Avez-vous déclaré le vol ? 도난 신고하셨나요?

★ aller-retour

a. (불변) 왕복의 n. m. 왕복

Le vol aller-retour est moins cher que l'aller simple.

왕복 항공편이 편도보다 덜 비싸다. (싸다)

▸ **aller simple** n. m. 편도

★★ transit

n. m. (비행기나 선박이 정비 등을 위해, 승객이 갈아타기 위해) 일시적으로 기착(기항)하는 것, 경유, 환승

Le lounge est dédié aux passagers en transit.

환승 여객들은 라운지를 이용할 수 있다.

▸ **dédier** v. 헌정하다, 바치다

> **Tip** transit에서 맨 끝 철자 t를 발음한다.
> 'lounge'는 영어 식 발음으로 [launʒ]라고 읽는다.

★★ escale

n. f. 기항, 경유, 기항 시간, 기항지

Lors d'une escale, on peut sortir de l'aéroport afin de visiter la ville.

경유 시간 동안 도시를 관광하기 위해 공항에서 나갈 수 있다.

> **Tip** transit는 비행기를 갈아타기 위해 '일시적으로' 기착하는 것이고, escale의 경우 수 시
> 간부터 하루까지도 걸릴 수 있으며 기항 시간이나 기항지를 의미하기도 한다.

★★★ atterrir

ant. décoller
v. 이륙하다

v. (항공) 착륙하다

L'avion atterrit en urgence.

비행기가 비상 착륙합니다.

▸ **en urgence** 긴급하게, 즉시

aérien(ne) ★★

a. 공기의, 항공의

En cas de bagage perdu ou retardé lors d'un
voyage en avion, la compagnie aérienne est
responsable.

비행기로 여행 중에 짐의 분실이나 연착의 경우, 항공사가 책임을 진다.

▸ **bagage** n. m. (여행객의) 짐, 가방, 수하물 / **retardé(e)** a. 연기된, 늦어
진 / **companie** n. f. 회사

valise ★

n. f. 캐리어, (여행용) 가방

Ma valise a été endommagée.

내 캐리어가 파손되었다.

▸ **endommager** v. 손해를 입히다, 손상(파손)하다

correspondance ★★

n. f. (교통편의) 갈아타기, 환승, (지하철 따위의) 환승역

J'ai manqué ma correspondance à cause du
retard du train.

기차의 지연 때문에 나는 환승편을 놓쳤다.

▸ **retard** n. m. 지각, 연착

hébergement ★★★

n. m. 숙박, 숙소

On m'a offert un hébergement abordable et
confortable.

나는 값이 적절하고 안락한 숙소를 제공받았다.

▸ **abordable** a. (값이) 적절한, 누구나 살 수 있는, 싼 / **confortable** a. 안
락한, 쾌적한

Bonus!
단어

🎯 **aéroport**　n. m. 공항

terminal	n. m. 터미널
embarquement	n. m. 탑승, 승선
départ	n. m. 출발
arrivée	n. f. 도착
horaire	n. m. 운행 시간표
enregistrer (les bagages)	v. (짐을) 등록하다, 기입하다
chariot	n. m. 수레
vol	n. m. 비행, 비행편
vol direct	n. m. 직항
vol domestique	n. m. 국내선
vol international	n. m. 국제선
douane	n. f. 세관
déclarer	v. 신고하다
détaxé(e)	a. 면세된
voler	v. 날다, 비행하다
hôtesse de l'air	n. f. 비행기 승무원
classe affaire	n. f. 비즈니스석
classe économique	n. f. 이코노미석 (일반석)
première classe	n. f. 일등석
turbulence	n. f. 난기류

◎ hôtel   n. m. 호텔

réception	n. f. 리셉션, (응접실 등) 접대 공간
réceptionniste	n. (호텔, 기업 등의) 안내원, 접대원
chambre	n. f. 방
disponible	a. 이용 가능한
piscine	n. f. 수영장
lit	n. m. 침대
service	n. m. 서비스

연습문제

1 프랑스어 단어를 보고 적합한 의미를 찾아 선으로 연결해 보세요.

excursion •   • 비행, 항공편

paquebot •   • 대형 여객선

vol •   • 소풍, (가벼운) 여행

atterrir •   • (항공) 착륙하다

2 주어진 문장을 보고 빈칸에 알맞은 프랑스어 단어를 보기에서 골라 적어 보세요.

| 보기 | hébergement | tour | valise | retour |

1 Elle a fait le _____ du monde en sac à dos.
그녀는 배낭을 메고 세계 일주를 했다.

2 On m'a offert un _____ abordable et confortable.
나는 값이 적절하고 안락한 숙소를 제공받았다.

3 Bon _____ !
잘 돌아왔어!

4 Ma _____ a été endommagée.
내 캐리어가 파손되었다.

3 주어진 우리말 단어를 보고 프랑스어로 적어 보세요.

1 왕복 _____

2 여행 _____

3 (교통편의) 환승 _____

4 기억, 기념품 _____

Chapitre

8

단어 학습
필살 비법

자주 쓰이는 동사와 전치사구 표현 활용

마지막 chapitre에서는 프랑스어 단어 학습에 꼭 필요한 활용 요소를 익히며 마무리할 거예요. 먼저, 자주 쓰이는 동사와 전치사구 표현을 살펴보세요.

★ **avoir** v. 가지다, 소유하다	J'ai un problème. 나 문제가 하나 있다. Tu as de la chance. 너 운 좋다.

avoir chaud	덥다
avoir froid	춥다
avoir faim	배고프다
avoir soif	목마르다
avoir sommeil	졸리다
avoir raison	(주어의 말이) 맞다
avoir tort	(주어의 말이) 틀리다
avoir peur	무섭다
avoir honte de + 명사	~이(가) 부끄럽다
avoir envie de + 명사 / 동사	~을(를) 원하다, ~하고 싶다
avoir besoin de + 명사 / 동사	~이(가) 필요하다, ~해야 한다
avoir confiance en + 명사	~을(를) 믿다
avoir l'air + 형용사	~처럼 보인다

J'ai envie d'aller aux toilettes.
화장실 가고 싶다.

Ayez confiance en vous.
당신(자신)을 믿으세요.

Tu as l'air fatigué.
너 피곤해 보인다.

★
être

v. ~(이)다, ~하다, ~있다

Je suis étudiant.
나는 학생이다.

Marie est chez elle.
마리는 그녀의 집에 있다.
▸ **chez** ~의 집에

être en forme	건강하다, 컨디션이 좋다
être en colère	화가 나다
être en congé / être en vacances	휴가 중이다
être en panne	고장 난 상태다
être à + 사람	~의 것이다
être pour 명사	~에 찬성하다
être contre 명사	~에 반대하다
être en train de + 동사	~하는 중이다
être sur le point de + 동사	~하려는 참이다
(비인칭 주어) Il est 시각 heure(s)	~시다 (시각을 나타냄)

Cette voiture est à lui.
이 차는 그의 것이다

Ils sont en train de manger.
그들은 식사하는 중이야.

Il est 7 heures.
7시다.

★ **faire** v. 하다, 만들다	Je fais mes devoirs. 나는 숙제를 한다. Faites-vous un gâteau ? 케이크 만드세요?

faire preuve de 명사	~을(를) 증명하다
faire peur à 사람	무섭게 하다, ~에게 겁을 주다
faire plaisir à 사람	~을(를) 기쁘게 하다
faire attention à 명사	~을(를) 주의하다
faire confiance à 명사	~을(를) 신뢰하다, 신임하다
faire semblant de + 동사	~하는 척하다, ~하는 시늉하다
faire la tête	뾰로통하다, 싫은 얼굴을 하다, 삐치다
faire + 형용사	~해 보인다
(비인칭 주어) Il fait + 형용사	날씨가 ~하다

Ça me fait plaisir de te voir.
너를 봐서 기쁘다.

Il fait vieux pour son âge.
그는 자기 나이에 비해 늙어 보인다.

Il fait beau.
날씨가 좋다.

mettre
v. 놓다, 넣다, (옷을) 입다

Il a mis un cadeau sous le sapin de Noël.

그는 크리스마스트리 밑에 선물을 놓았다.

> **sapin** n. m. 전나무

mettre en place	설치하다, 장착하다, 확립시키다
mettre en relief	부각하다
mettre en pratique	실행하다, 실시하다
mettre en examen	조사를 받다
mettre en cause	문제 삼다, 고소(소송)하다
mettre en vente	매각되다
mettre en ligne	업로드하다
mettre à jour	업그레이드하다, 업데이트하다

La nouvelle mesure a été mise en place.

새로운 조치가 확립되었다.

> **mesure** n. f. 조치, 대책, 수단

Le site a été mis à jour tout à l'heure.

사이트가 방금 전 업데이트되었다.

> **Tip** 수동태 형태로 많이 사용된다. mettre au jour는 '드러내다', '밝히다'이므로 'mettre à jour'와 구분하여 기억하자.

★ 그 밖의 동사들

porter plainte contre + 사람	~을(를) 고소하다
rendre compte de + 명사 (à 사람)	(~에게) ~을(를) 보고하다
se rendre compte	깨닫다, ~을(를) 이해하다, 납득하다
rendre service à + 사람	...에게 도움을 주다
tomber malade	병들다, 병나다
tomber amoureux(se) de + 명사	~에게 사랑에 빠지다

Il porte plainte contre l'État français.

그는 프랑스 정부를 고소한다.

★ 전치사 en을 포함한 표현

en général	일반적으로
en effet	실제, 사실, 확실히 (앞서 언급한 내용에 대한 확인)
en fait	사실은, 실제는
en retard	늦게
en avance	미리
en outre	게다가
en ordre	단정히, 나란히
en entier	전부, 완전히
en vain	헛되이, 보람없이
en vérité	정말로, 실제로

★ 전치사 à를 포함한 표현

à volonté	마음껏, 마음대로
à l'écart	떨어져서, 따로
à l'envers	뒤집어서, 반대로, 반대 방향으로
à l'heure	정시에, 정각에
à l'instant	당장, 방금, 곧
à présent	현재(는), 지금(은)
à tout moment	끊임없이, 항상
à toute vitesse	전속력으로, 아주 빠르게

★ 그 밖의 표현들

avec calme	침착하게, 의연히
avec gentillesse	친절히
avec patience	끈기있게, 인내심을 가지고
avec passion	정열적으로, 열심히
avec prudence	조심스럽게, 신중히
par cœur	외워서, 암기하여
petit à petit	조금씩
sans doute	아마, 의심의 여지없이, 확실히
sans pitié	무자비하게, 가차 없이
à côté de + 명사	~의 옆에
près de + 명사	~의 가까이에
loin de + 명사	~의 멀리에
à cause de + 명사	~때문에
grâce à + 명사	~덕분에
au-dessus de + 명사	~위에
au-dessous de + 명사	~아래에
le long de + 명사	~을(를) 따라

Jour
28

꼭 필요한 접두사와 접미사 활용

어근이나 단어의 앞뒤에 붙어 파생어를 만드는 접두사, 접미사들을 익혀 볼게요. 접두사와
접미사를 잘 알아 두면, 처음 보는 단어라도 품사와 의미를 어느 정도 추측할 수 있답니다.

* re, ré, r 다시, 뒤로

revenir	v. 다시 오다
réessayer	v. 다시 시도하다
rappeler	v. 다시 부르다, 다시 전화하다

* co(n) 함께

cohabiter	v. 함께 살다
contenir	v. 포함하다, 내포하다

* pre, pro 미리, 앞에

prévoir	v. 예견하다, 예상하다
proposer	v. 제안하다, 권하다

★ en, em, in, im 안에

enterrer	v. (땅에) 묻다, 매장하다
emballer	v. 포장하다
infiltrer	v. (액체가) 스며들다, 침입하다
importer	v. 수입하다

★ ex, é 밖으로

exporter	v. 수출하다
émigrer	v. (타국으로) 이주하다, 이민 가다

★ 부정의 의미

dé, dés, dis

déconseiller	v. 만류하다 (ant. conseiller 권하다)
désespérer	v. 절망하다 (ant. espérer 희망하다)
disparaître	v. 사라지다 (ant. apparaître 나타나다)

in, im, il, ir

indirect(e)	a. 간접적인 (ant. direct(e) 직접적인)
imparfait(e)	a. 불완전한 (ant. parfait(e) 완전한, 완벽한)
illégal(e)	a. 위법의, 불법의 (ant. legal 법적인) **Tip** 'légal'과 'illégal'의 남성 복수형은 각각 'légaux', 'illégaux'이다.
irrégulier(ère)	a. 불규칙적인 (ant. régulier(ère) 규칙적인, 합법적인)

a, mal, mé

athée	n. 무신론자 a. 무신론의 (ant. théiste 유신론자, 유신론의)
anormal(e)	a. 이상한, 보통과 다른 (ant. normal(e) 정상의, 보통의)
malhonnête	a. 부정직한 (ant. honnête 정직한)
mécontent(e)	a. 불만스러운 (ant. content(e) 만족스러운)

★ 수량 관련 접두사

mono, uni 하나, 하나인

monologue	n. m. 독백
monolingue	a. 단일 언어의, 1개 국어를 말하는 n. 1개 국어를 하는 사람
uniforme	n. m. 유니폼

bi, bis 둘

bicyclette	n. f. 자전거
bilingue	a. 2개 국어를 하는 n. 2개 국어를 하는 사람
bisannuel(le)	a. 2년마다의 (syn. biennal)

tri 셋

tricolore	a. 3색의, (프랑스 국기의) 삼색의

poly, multi 다수의

polyphonie	n. f. 다(중) 음성
multimédia	a. 혼합 매체의 n. m. 멀티미디어

★ auto 자기 자신

autobiographie	n. f. 자서전
autoportrait	n. m. 자화상

★ archéo 옛, 고대

archéologue	n. 고고학자

★ ortho 올바름, 정확함

orthographe	n. f. 철자, 스펠링
orthopédie	n. f. 정형외과학, 정형술

⋆ chron 시간

chronique	n. f. 연대기 a. 만성적인
chronologie	n. f. 연표, 연대순

⋆ gastr, gastro 위, 배

gastrique	a. 위의
gastronomie	n. f. 식도락, 미식법

⋆ syn, sym, syl 함께, 동시에

synthèse	n. f. 종합, 총론, 집대성
sympathie	n. f. 호감, 친근감, 찬동, 공감
symétrie	n. f. 대칭, 균형
syllabe	n. f. (발음상의) 음절

Jour
29

주요 접미사

★ 명사

행위, 결과: ment, -age, -aison, -sion, -tion, -ade, -ance, -ence, -ure

paiement	n. m. 지불, 채무의 상환
jardinage	n. m. 정원 가꾸기, 원예
comparaison	n. f. 비교
conjugaison	n. f. (동사의) 변화, 결합
inversion	n. f. (순서, 운동, 사물, 어순 등의) 도치, 전도
modification	n. f. 변화, 수정
promenade	n. f. 산책
souffrance	n. f. 고통, 괴로움
fréquence	n. f. 자주 일어남, 빈발
écriture	n. f. 문자, 글씨

상태, 성질: -té, -esse, -tude

beauté	n. f. 아름다움
cruauté	n. f. 잔인함
sagesse	n. f. 현명함, 지혜
jeunesse	n. f. 젊음
gratitude	n. f. 감사(의 마음)
solitude	n. f. 고독

사람 명사: -eur(se) → 행위자 / -é → 대상자

employeur(se)	n. 고용주, 사용자
employé(e)	n. 피고용자, 종업원, 직원

사람 명사: -iste, -ant, -aire, -ain, -ien, -er

dentiste	n. 치과 의사
pianiste	n. 피아니스트
enseignant(e)	n. 강사
secrétaire	n. 비서
écrivain(e)	n. 작가
pharmacien(ne)	n. 약사
boulanger(ère)	n. 제빵사

Tip -iste는 주로 연주자, 예술가를 지칭하는 경우가 많다.

★ 형용사

가능성: -able, -ible

capable	a. ~할 수 있는
accessible	a. (장소에) 접근할 수 있는
visible	a. 보이는, 드러나는

★ 부사

방식: -ment

poliment	ad. 공손하게, 예의 바르게
heureusement	ad. 행복하게

Jour
29

◁)) 30

꼭 필요한 어근 활용

어근은 그 단어의 실질적 의미를 나타내는 중심 부분이에요. 접두사와 접미사를 두루 익혔으니, 프랑스어 단어에서 가장 많이 등장하고 활용되는 어근들을 살펴보세요. 지금까지 배운 모든 단어들이 더욱 체계적으로 기억될 거예요.

★ act 행동하다

acte	n. m. 행위, 행동
actif(ve)	a. 활기찬, 능동적인
action	n. f. 활동, 행위
réaction	n. f. 반응, 반향
transaction	n. f. 타협, 화해
rédaction	n. f. 작성, 집필

★ art 예술

art	n. m. 예술, 미술, 기술
artiste	n. 예술가
artisan(e)	n. 장인, 수공업자
article	n. m. (신문, 잡지의) 기사

★ astro 별

astronaute	n. 우주 비행사
astronomie	n. f. 천문학, 우주론
astrologie	n. f. 점성술, 점성학

★ chap, cap 머리

chapeau	n. m. 모자
chapitre	n. m. (책의) 장, 챕터
chapelle	n. f. (본당이 아닌) 소(小) 교회, 소성당
capitale	n. f. 수도, 중심지, 대문자
capitaine	n. m. 장수, 대위, 중대장, (한 팀의) 주장
capuche	n. f. (옷에 달린) 후드

★ cour, curren, curs 달리다

course	n. f. 달리기, 경주
concours	n. m. 경쟁시험, 콩쿠르
discours	n. m. 연설, 강연
parcours	n. m. 코스, 도정, 경력
secours	n. m. 도움, 구조, 원조
courant(e)	a. (물이) 흐르는
courriel	n. m. 전자 우편, 이메일
concurrent(e)	a. 경쟁하는 n. 경쟁자
cursus	n. m. 과정, 코스

★ duc 이끌다

duc	n. m. 공작 (백작, 남작)
éducation	n. f. 교육
éducateur(rice)	n. 교육자 a. 교육의

Tip 시간이 지나면서 동사 -duire 형태로 사용되었다.

conduire	v. (어떤 장소로) 데리고 가다, 운전하다
introduire	v. 사람을 들어오게 하다, 안내하다, 도입하다
produire	v. 야기하다, 일으키다, 생산하다
séduire	v. 유혹하다
réduire	v. 줄이다, 깎다
traduire	v. 번역하다

★ fer 운반하다, 이야기하다

transférer	v. 옮기다, 양도(이전)하다
somnifère	n. m. 수면제
référence	n. f. 참고, 참조
conférence	n. f. 회의, 회담, 강연

★ je(c)t 던지다

jeter	v. 던지다
projeter	v. 분출하다, 비추다, 투영하다
projet	n. m. 계획
sujet	n. m. 주제
objet	n. m. 사물, 오브제

injecter	v. 주사하다
objecter	v. 반대하다
objectif(ve)	a. 객관적인

＊ lec(t), leg 모으다

lecture	n. f. 독서, 읽기
collection	n. f. 수집, 수집품
élection	n. f. 선거, 선출
intellectuel(le)	a. 지적인, 지능의 n. 지식인
dialecte	n. m. 방언, 사투리
légende	n. f. 전설, 신화, (도면, 지도의) 범례

＊ log 말

logique	a. 논리학의 n. f. 논리학
logiciel	n. m. 소프트웨어, 프로그램
analogue	a. 아날로그의
prologue	n. m. 머리말, 서문
épilogue	n. m. 결말, 종결
dialogue	n. m. 대화
psychologie	n. f. 심리학

Tip log가 lire로 발전하였다.

lire	v. 읽다
élire	v. 선출하다, 뽑다

★ mis 가도록 두다, 보내다

missile	n. m. 미사일
mission	n. f. 임무, 사명
commission	n. f. 위임, 중개료, 수수료
admission	n. f. 허용, (입학, 출입) 허가, 승인
émission	n. f. 방송, (방송) 프로그램
permis	n. m. 허가증, 면허증
compromis	n. m. 타협, 화해

★ pend 매달다

pendre	v. 매달리다
pendule	n. m. (시계의) 추, 진자 n. f. 추시계
indépendance	n. f. 독립
pendant	~동안(에)

★ pens 무게가 나가다 (peser)

penser	v. 생각하다
pension	n. f. 연금, 기숙사
compenser	v. 상쇄하다, 균형을 이루다
dépenser	v. (돈을) 쓰다, (연료를) 소비하다, 사용하다
dispense	n. f. 면제
indispensable	a. 필수 불가결한, 없어서는 안 되는
suspense	n. m. (영화, 소설의) 서스펜스, 긴박감

★ pos 놓다

pose	n. f. 포즈, 자세
poser	v. 놓다, 위치시키다
composer	v. 구성하다, 합성하다
décomposer	v. 분해하다
déposer	v. 내려놓다, 제출하다
disposer	v. 배열하다, 배치하다
exposer	v. 진열하다, 전시하다
imposer	v. 과세하다, 지불하게 하다
opposer	v. 반박하다, 대조하다
reposer	v. 쉬게 하다

★ part 부분

partage	n. m. 나누기, 분배, 분할
partenaire	n. 파트너, 짝
parti	n. m. 당, 정당
partie	n. f. 부분, 일부
participer	v. 참여하다
particule	n. f. 미립자, 입자
particulier(ère)	a. 독특한, 개별적인 n. 개인
appartement	n. m. 아파트

Jour 30

★ spec 보다

spectacle	n. m. 광경, 연극, 공연
aspect	n. m. 모습, 외관, 용모
respect	n. m. 존경, 존중
suspect(e)	n. 용의자
inspecter	v. 검사하다, 감독하다
perspective	n. f. 경치, 전망, 예측, 관점
rétrospectif(ve)	a. 회고적인, 회상의
spécial(e)	a. 특수한, 특별한

★ hab 가지다

habiter	v. 살다
habitude	n. f. 습성, 습관, 버릇
habile	a. 솜씨 좋은, 재주있는

★ tract, trait 끌다

tracteur	n. m. 트랙터
contracter	v. (협정, 계약을) 맺다, 체결하다
attraction	n. f. 끌어당기기, 매력
distraction	n. f. 기분 전환, 오락
abstraction	n. f. 추상, 추상화
soustraction	n. f. 뺄셈
retrait	n. m. 철수, 후퇴
traîner	v. 끌다, 끌고 가다

⋆ sign 표시, 신호

signe	n. m. 징후, 표시, 몸짓
signal	n. m. 신호, 시그널
signaler	v. 신호로 알리다
signature	n. f. 서명, 사인
consigne	n. f. 지령, 지시
significatif(ve)	a. 대단한 의미를 지니는
désigner	v. 가리키다, 지시하다, 지정하다

⋆ vi(v) 살다

vivre	v. 살다
vie	n. f. 생명, 목숨
vif(ve)	a. 살아 있는
vital(e)	a. 생명의, 생명 유지에 필수적인
vivace	a. 생명력이 강한
vivement	ad. 활발히, 힘차게
survivant(e)	a. 생존해 있는 n. 생존자

Jour
30

⋆ graph 그리다

graphique	a. 선으로 표시된 n. m. 도표, 그래프
géographie	n. f. 지리, 지리학
photographe	n. 사진사

커리큘럼

왕초보부터 DELF까지 맞춤형 커리큘럼으로 여러분의 프랑스어를 책임집니다.

단계	입문		기초
학습 목표	프랑스어 알파벳, 발음 익히기 기본 문장 구조 익히기	프랑스어 기본 문법 이해 간단한 의사소통과 포스터 이해 가능	프랑스어로 일상적인 대화 가능 짧고 간단한 메시지, 편지 작성 가능
난이도	A0	A1	A2
왕초보	왕초보 탈출 1탄	왕초보 탈출 2탄	왕초보 탈출 3탄
	15분 완성 발음 특강		
문법		NEW 프랑스어 기초문법	
회화		기초 회화 1탄	기초 회화 2탄
		NEW 프랑스어 기초회화	
			리얼 프랑스어
원어민		Atelier français (A1-A2) (FR)	
			원어민이 알려주는
어휘	왕초보 어휘 마스터		포인트 테마 어휘
표현			여행 프랑스어
패턴			프랑스어 패턴
듣기		프랑스어 듣기 (A1-A2)	
작문			프랑스어 초중급 작문
독해			동화로 배우는 프랑스어
DELF		DELF A1	DELF A2
			DELF A2 말하기 (FR)
			틀리기 쉬운 DELF 문법
FLEX			FLEX UP 프랑스어
스크린			

시원스쿨 프랑스어 홈페이지를 방문해 보세요!
france.siwonschool.com

중·고급		
친숙한 주제에 대해 자유롭게 의견 교환, 여행 중 대부분의 상황에 대처 가능	토론이나 긴 담화 이해 가능 주어진 견해에 대해 에세이나 보고서 작성 가능	TV 방송 및 영화 이해 가능 다양한 상황에서 논리적이고 유연한 커뮤니케이션 가능
B1	B2	C1
초중급 핵심 문법	중고급 문법 완성	고급 문법(C1-C2)
톡톡! 실전회화	레벨UP! 프랑스어 회화	
	리얼 현지 회화 (FR)	
네이티브 표현 TOP 50 (FR)		미술 작품으로 배우는 프랑스어 (FR)
중급 어휘 마스터		
쏙쏙 동사 마스터		
	프랑스어 듣기 (B1-B2)	
중급 문법 작문	고급 문법 작문	
		시사독해와 작문
DELF B1	DELF B2	
DELF B1 말하기 (FR)		
	영화로 배우는 프랑스어 <사랑은 부엉부엉>	
	영화로 배우는 프랑스어 <카페 벨에포크>	

* (FR) 표시된 강의는 원어민 강의입니다.

"프랑스어 문법 평강사"
Emma 선생님 "

강좌

- New 프랑스어 기초문법
- 쏙쏙 동사 마스터
- 초·중급 핵심 문법 / 중·고급 문법 완성
- 술술 말하는 프랑스어 패턴
- FLEX UP 프랑스어

"저절로 외워지는 마법의 30분"
Jini 선생님 "

강좌

- '15분 완성' 발음 특강
- 프랑스어 기초회화 1·2탄
- 톡톡! 실전회화
- 귀가 트이는 프랑스어 듣기 A1-A2

"중고급 프랑스어 최강자"
Ji yeon 선생님 "

강좌

- 중급 문법·작문
- 고급 문법·작문

"델프의 신"
Il Young 선생님 "

강좌

- 한 번에 끝내는 DELF A1
- 한 번에 끝내는 DELF A2 (신유형)
- 한 번에 끝내는 DELF B1 (신유형)
- 한 번에 끝내는 DELF B2

프랑스어 도서 라인업

SIMMON 프랑스어

GO! 독학 프랑스어 첫걸음

체계적인 커리큘럼으로 혼자서도 쉽게 독학할 수 있다GO!

초보자도 혼자서 무리없이 학습할 수 있는 회화 위주의 체계적인 커리큘럼으로, 일상 회화를 통해 어휘와 문법을 익힐 수 있으며 스토리텔링 방식으로 더 쉽고 재미있게 학습이 가능하다.

김지연 지음 | Sylvie MAZO 감수 | 값 16,500원
(본책+별책 부록+ MP3+무료 강의 제공)

한 권으로 끝내는 DELF A1·A2·B1·B2
(2020년 新 유형 반영 개정판)

현직 DELF 감독채점관 집필로 DELF 완벽 대비

현직 감독관&채점관 저자가 최신 출제 경향, 문제 유형, 난이도를 철저히 분석 및 연구하였고, 다양한 학습 자료와 풀이 전략을 통해 쉽고 빠르게 합격할 수 있도록 구성하였다. 구술·작문 실전 훈련용 모범 답안, 듣기·구술 원어민 MP3, DELF 가이드북도 무료로 제공한다.

정일영 지음 | Eloïse MEURE 감수
값 A1 25,000원, A2 27,000원, B1 29,000원, B2 29,000원

시원스쿨 여행 프랑스어

공부하지 않고, 바로 찾아 말하는 진짜 여행 회화!

여행 시 직면할 수 있는 상황에 '꼭 필요한 표현'을 바로 찾아 말할 수 있는 휴대용 '사전'이다. 다양한 상황별로 필요한 단어와 문장을 한글 중심으로 찾을 수 있도록 구성되어, 급할 때 바로 찾아 말할 수 있다. 해당 언어의 발음과 가장 유사하게 들리는 한글 독음을 제공한다. 책 마지막의 여행 꿀팁까지 놓치지 말자.

시원스쿨어학연구소 지음 | 값 12,000원
(본책+MP3 제공)